全国普法学习读本
★　★　★　★　★

U0460606

国家赔偿法律法规学习读本
国家赔偿综合法律法规

叶浦芳　主编

汕头大学出版社

图书在版编目（CIP）数据

国家赔偿综合法律法规／叶浦芳主编. -- 汕头：
汕头大学出版社，2023.4（重印）
（国家赔偿法律法规学习读本）
ISBN 978-7-5658-2515-6

Ⅰ.①国… Ⅱ.①叶… Ⅲ.①国家赔偿法-中国-学
习参考资料 Ⅳ.①D921.64

中国版本图书馆 CIP 数据核字（2018）第 035186 号

国家赔偿综合法律法规　GUOJIA PEICHANG ZONGHE FALÜ FAGUI

主　　编：叶浦芳
责任编辑：邹　峰
责任技编：黄东生
封面设计：大华文苑
出版发行：汕头大学出版社
　　　　　广东省汕头市大学路 243 号汕头大学校园内　邮政编码：515063
电　　话：0754-82904613
印　　刷：三河市元兴印务有限公司
开　　本：690mm×960mm 1/16
印　　张：18
字　　数：226 千字
版　　次：2018 年 5 月第 1 版
印　　次：2023 年 4 月第 2 次印刷
定　　价：59.60 元（全 2 册）
ISBN 978-7-5658-2515-6

前 言

习近平总书记指出："推进全民守法，必须着力增强全民法治观念。要坚持把全民普法和守法作为依法治国的长期基础性工作，采取有力措施加强法制宣传教育。要坚持法治教育从娃娃抓起，把法治教育纳入国民教育体系和精神文明创建内容，由易到难、循序渐进不断增强青少年的规则意识。要健全公民和组织守法信用记录，完善守法诚信褒奖机制和违法失信行为惩戒机制，形成守法光荣、违法可耻的社会氛围，使遵法守法成为全体人民共同追求和自觉行动。"

中共中央、国务院曾经转发了中央宣传部、司法部关于在公民中开展法治宣传教育的规划，并发出通知，要求各地区各部门结合实际认真贯彻执行。通知指出，全民普法和守法是依法治国的长期基础性工作。深入开展法治宣传教育，是全面建成小康社会和新农村的重要保障。

普法规划指出：各地区各部门要根据实际需要，从不同群体的特点出发，因地制宜开展有特色的法治宣传教育坚持集中法治宣传教育与经常性法治宣传教育相结合，深化法律进机关、进乡村、进社区、进学校、进企业、进单位的"法律六进"主题活动，完善工作标准，建立长效机制。

特别是农业、农村和农民问题，始终是关系党和人民事业发展的全局性和根本性问题。党中央、国务院发布的《关于推进社会主义新农村建设的若干意见》中明确提出要"加强农村法制建设，深入开展农村普法教育，增强农民的法制观念，提高农民依法行使权利和履行义务的自觉性。"多年普法实践证明，普及法律知识，提高法制观念，增强全社会依法办事意识具有重要作用。特别是在广大农村进行普法教育，是提高全民法律素质的需要。

多年来，我国在农村实行的改革开放取得了极大成功，农村发生了翻天覆地的变化，广大农民生活水平大大得到了提高。但是，由于历史和社会等原因，现阶段我国一些地区农民文化素质还不高，不学法、不懂法、不守法现象虽然较原来有所改变，但仍有相当一部分群众的法制观念仍很淡化，不懂、不愿借助法律来保护自身权益，这就极易受到不法的侵害，或极易进行违法犯罪活动，严重阻碍了全面建成小康社会和新农村步伐。

为此，根据党和政府的指示精神以及普法规划，特别是根据广大农村农民的现状，在有关部门和专家的指导下，特别编辑了这套《全国普法学习读本》。主要包括了广大人民群众应知应懂、实际实用的法律法规。为了辅导学习，附录还收入了相应法律法规的条例准则、实施细则、解读解答、案例分析等；同时为了突出法律法规的实际实用特点，兼顾地方性和特殊性，附录还收入了部分某些地方性法律法规以及非法律法规的政策文件、管理制度、应用表格等内容，拓展了本书的知识范围，使法律法规更"接地气"，便于读者学习掌握和实际应用。

在众多法律法规中，我们通过甄别，淘汰了废止的，精选了最新的、权威的和全面的。但有部分法律法规有些条款不适应当下情况了，却没有颁布新的，我们又不能擅自改动，只得保留原有条款，但附录却有相应的补充修改意见或通知等。众多法律法规根据不同内容和受众特点，经过归类组合，优化配套。整套普法读本非常全面系统，具有很强的学习性、实用性和指导性，非常适合用于广大农村和城乡普法学习教育与实践指导。总之，是全国全民普法的良好读本。

目　　录

中华人民共和国国家赔偿法

公安机关办理国家赔偿案件程序规定

中华人民共和国国家赔偿法

中华人民共和国主席令

第六十八号

《全国人民代表大会常务委员会关于修改〈中华人民共和国国家赔偿法〉的决定》已由中华人民共和国第十一届全国人民代表大会常务委员会第二十九次会议于2012年10月26日通过，现予公布，自2013年1月1日起施行。

中华人民共和国主席 胡锦涛

2012年10月26日

（1994年5月12日第八届全国人民代表大会常务委员会第七次会议通过；根据2010年4月29日中华人民共和国主席令第29号第一次修正；根据2012年10月26日第十一届全国人民代表大会常务委员会第二十九次会议

《全国人民代表大会常务委员会关于修改〈中华人民共和
国国家赔偿法〉的决定》第二次修正)

第一章　总　则

第一条　为保障公民、法人和其他组织享有依法取得国家赔
偿的权利，促进国家机关依法行使职权，根据宪法，制定本法。

第二条　国家机关和国家机关工作人员行使职权，有本法规
定的侵犯公民、法人和其他组织合法权益的情形，造成损害的，
受害人有依照本法取得国家赔偿的权利。

本法规定的赔偿义务机关，应当依照本法及时履行赔偿义务。

第二章　行政赔偿

第一节　赔偿范围

第三条　行政机关及其工作人员在行使行政职权时有下列侵
犯人身权情形之一的，受害人有取得赔偿的权利：

违法拘留或者违法采取限制公民人身自由的行政强制措施的；

非法拘禁或者以其他方法非法剥夺公民人身自由的；

以殴打、虐待等行为或者唆使、放纵他人以殴打、虐待等行
为造成公民身体伤害或者死亡的；

违法使用武器、警械造成公民身体伤害或者死亡的；

造成公民身体伤害或者死亡的其他违法行为。

第四条　行政机关及其工作人员在行使行政职权时有下列侵
犯财产权情形之一的，受害人有取得赔偿的权利：

违法实施罚款、吊销许可证和执照、责令停产停业、没收财物等行政处罚的；

违法对财产采取查封、扣押、冻结等行政强制措施的；

违法征收、征用财产的；

造成财产损害的其他违法行为。

第五条 属于下列情形之一的，国家不承担赔偿责任：

行政机关工作人员与行使职权无关的个人行为；

因公民、法人和其他组织自己的行为致使损害发生的；

法律规定的其他情形。

第二节 赔偿请求人和赔偿义务机关

第六条 受害的公民、法人和其他组织有权要求赔偿。

受害的公民死亡，其继承人和其他有扶养关系的亲属有权要求赔偿。

受害的法人或者其他组织终止的，其权利承受人有权要求赔偿。

第七条 行政机关及其工作人员行使行政职权侵犯公民、法人和其他组织的合法权益造成损害的，该行政机关为赔偿义务机关。

两个以上行政机关共同行使行政职权时侵犯公民、法人和其他组织的合法权益造成损害的，共同行使行政职权的行政机关为共同赔偿义务机关。

法律、法规授权的组织在行使授予的行政权力时侵犯公民、法人和其他组织的合法权益造成损害的，被授权的组织为赔偿义务机关。

受行政机关委托的组织或者个人在行使受委托的行政权力时侵犯公民、法人和其他组织的合法权益造成损害的，委托的行政机关为赔偿义务机关。

赔偿义务机关被撤销的，继续行使其职权的行政机关为赔偿义务机关；没有继续行使其职权的行政机关的，撤销该赔偿义务机关的行政机关为赔偿义务机关。

第八条 经复议机关复议的，最初造成侵权行为的行政机关为赔偿义务机关，但复议机关的复议决定加重损害的，复议机关对加重的部分履行赔偿义务。

第三节 赔偿程序

第九条 赔偿义务机关有本法第三条、第四条规定情形之一的，应当给予赔偿。

赔偿请求人要求赔偿应当先向赔偿义务机关提出，也可以在申请行政复议或者提起行政诉讼时一并提出。

第十条 赔偿请求人可以向共同赔偿义务机关中的任何一个赔偿义务机关要求赔偿，该赔偿义务机关应当先予赔偿。

第十一条 赔偿请求人根据受到的不同损害，可以同时提出数项赔偿要求。

第十二条 要求赔偿应当递交申请书，申请书应当载明下列事项：

受害人的姓名、性别、年龄、工作单位和住所，法人或者其他组织的名称、住所和法定代表人或者主要负责人的姓名、职务；

具体的要求、事实根据和理由；

申请的年、月、日。

赔偿请求人书写申请书确有困难的，可以委托他人代书；也可以口头申请，由赔偿义务机关记入笔录。

赔偿请求人不是受害人本人的，应当说明与受害人的关系，并提供相应证明。

赔偿请求人当面递交申请书的，赔偿义务机关应当当场出具加盖本行政机关专用印章并注明收讫日期的书面凭证。申请材料不齐全的，赔偿义务机关应当当场或者在五日内一次性告知赔偿请求人需要补正的全部内容。

第十三条 赔偿义务机关应当自收到申请之日起两个月内，作出是否赔偿的决定。赔偿义务机关作出赔偿决定，应当充分听取赔偿请求人的意见，并可以与赔偿请求人就赔偿方式、赔偿项目和赔偿数额依照本法第四章的规定进行协商。

赔偿义务机关决定赔偿的，应当制作赔偿决定书，并自作出决定之日起十日内送达赔偿请求人。

赔偿义务机关决定不予赔偿的，应当自作出决定之日起十日内书面通知赔偿请求人，并说明不予赔偿的理由。

第十四条 赔偿义务机关在规定期限内未作出是否赔偿的决定，赔偿请求人可以自期限届满之日起三个月内，向人民法院提起诉讼。

赔偿请求人对赔偿的方式、项目、数额有异议的，或者赔偿义务机关作出不予赔偿决定的，赔偿请求人可以自赔偿义务机关作出赔偿或者不予赔偿决定之日起三个月内，向人民法院提起诉讼。

第十五条 人民法院审理行政赔偿案件，赔偿请求人和赔偿义务机关对自己提出的主张，应当提供证据。

赔偿义务机关采取行政拘留或者限制人身自由的强制措施期间，被限制人身自由的人死亡或者丧失行为能力的，赔偿义务机关的行为与被限制人身自由的人的死亡或者丧失行为能力是否对有故意或者重大过失的责任人员，有关机关应当依法给予处分；构成犯罪的，应当依法追究刑事责任。

存在因果关系，赔偿义务机关应当提供证据。

第十六条　赔偿义务机关赔偿损失后，应当责令有故意或者重大过失的工作人员或者受委托的组织或者个人承担部分或者全部赔偿费用。

第三章　刑事赔偿

第一节　赔偿范围

第十七条　行使侦查、检察、审判职权的机关以及看守所、监狱管理机关及其工作人员在行使职权时有下列侵犯人身权情形之一的，受害人有取得赔偿的权利：

违反刑事诉讼法的规定对公民采取拘留措施的，或者依照刑事诉讼法规定的条件和程序对公民采取拘留措施，但是拘留时间超过刑事诉讼法规定的时限，其后决定撤销案件、不起诉或者判决宣告无罪终止追究刑事责任的；

对公民采取逮捕措施后，决定撤销案件、不起诉或者判决宣告无罪终止追究刑事责任的；

依照审判监督程序再审改判无罪，原判刑罚已经执行的；

刑讯逼供或者以殴打、虐待等行为或者唆使、放纵他人以殴打、虐待等行为造成公民身体伤害或者死亡的；

违法使用武器、警械造成公民身体伤害或者死亡的。

第十八条 行使侦查、检察、审判职权的机关以及看守所、监狱管理机关及其工作人员在行使职权时有下列侵犯财产权情形之一的，受害人有取得赔偿的权利：

违法对财产采取查封、扣押、冻结、追缴等措施的；

依照审判监督程序再审改判无罪，原判罚金、没收财产已经执行的。

第十九条 属于下列情形之一的，国家不承担赔偿责任：

因公民自己故意作虚伪供述，或者伪造其他有罪证据被羁押或者被判处刑罚的；

依照刑法第十七条、第十八条规定不负刑事责任的人被羁押的；

依照刑事诉讼法第十五条、第一百七十三条第二款、第二百七十三条第二款、第二百七十九条规定不追究刑事责任的人被羁押的；

行使侦查、检察、审判职权的机关以及看守所、监狱管理机关的工作人员与行使职权无关的个人行为；

因公民自伤、自残等故意行为致使损害发生的；

法律规定的其他情形。

第二节　赔偿请求人和赔偿义务机关

第二十条 赔偿请求人的确定依照本法第六条的规定。

第二十一条 行使侦查、检察、审判职权的机关以及看守所、监狱管理机关及其工作人员在行使职权时侵犯公民、法人和其他组织的合法权益造成损害的，该机关为赔偿义务机关。

对公民采取拘留措施，依照本法的规定应当给予国家赔偿的，作出拘留决定的机关为赔偿义务机关。

对公民采取逮捕措施后决定撤销案件、不起诉或者判决宣告无罪的，作出逮捕决定的机关为赔偿义务机关。

再审改判无罪的，作出原生效判决的人民法院为赔偿义务机关。二审改判无罪，以及二审发回重审后作无罪处理的，作出一审有罪判决的人民法院为赔偿义务机关。

第三节　赔偿程序

第二十二条　赔偿义务机关有本法第十七条、第十八条规定情形之一的，应当给予赔偿。

赔偿请求人要求赔偿，应当先向赔偿义务机关提出。

赔偿请求人提出赔偿请求，适用本法第十一条、第十二条的规定。

第二十三条　赔偿义务机关应当自收到申请之日起两个月内，作出是否赔偿的决定。赔偿义务机关作出赔偿决定，应当充分听取赔偿请求人的意见，并可以与赔偿请求人就赔偿方式、赔偿项目和赔偿数额依照本法第四章的规定进行协商。

赔偿义务机关决定赔偿的，应当制作赔偿决定书，并自作出决定之日起十日内送达赔偿请求人。

赔偿义务机关决定不予赔偿的，应当自作出决定之日起十日内书面通知赔偿请求人，并说明不予赔偿的理由。

第二十四条　赔偿义务机关在规定期限内未作出是否赔偿的决定，赔偿请求人可以自期限届满之日起三十日内向赔偿义务机关的上一级机关申请复议。

赔偿请求人对赔偿的方式、项目、数额有异议的，或者赔偿义务机关作出不予赔偿决定的，赔偿请求人可以自赔偿义务机关作出赔偿或者不予赔偿决定之日起三十日内，向赔偿义务机关的上一级机关申请复议。

赔偿义务机关是人民法院的，赔偿请求人可以依照本条规定向其上一级人民法院赔偿委员会申请作出赔偿决定。

第二十五条 复议机关应当自收到申请之日起两个月内作出决定。

赔偿请求人不服复议决定的，可以在收到复议决定之日起三十日内向复议机关所在地的同级人民法院赔偿委员会申请作出赔偿决定；复议机关逾期不作决定的，赔偿请求人可以自期限届满之日起三十日内向复议机关所在地的同级人民法院赔偿委员会申请作出赔偿决定。

第二十六条 人民法院赔偿委员会处理赔偿请求，赔偿请求人和赔偿义务机关对自己提出的主张，应当提供证据。

被羁押人在羁押期间死亡或者丧失行为能力的，赔偿义务机关的行为与被羁押人的死亡或者丧失行为能力是否存在因果关系，赔偿义务机关应当提供证据。

第二十七条 人民法院赔偿委员会处理赔偿请求，采取书面审查的办法。必要时，可以向有关单位和人员调查情况、收集证据。赔偿请求人与赔偿义务机关对损害事实及因果关系有争议的，赔偿委员会可以听取赔偿请求人和赔偿义务机关的陈述和申辩，并可以进行质证。

第二十八条 人民法院赔偿委员会应当自收到赔偿申请之日起三个月内作出决定；属于疑难、复杂、重大案件的，经本院院长批准，可以延长三个月。

第二十九条 中级以上的人民法院设立赔偿委员会，由人民法院三名以上审判员组成，组成人员的人数应当为单数。

赔偿委员会作赔偿决定，实行少数服从多数的原则。

赔偿委员会作出的赔偿决定，是发生法律效力的决定，必须执行。

第三十条 赔偿请求人或者赔偿义务机关对赔偿委员会作出的决定，认为确有错误的，可以向上一级人民法院赔偿委员会提出申诉。

赔偿委员会作出的赔偿决定生效后，如发现赔偿决定违反本法规定的，经本院院长决定或者上级人民法院指令，赔偿委员会应当在两个月内重新审查并依法作出决定，上一级人民法院赔偿委员会也可以直接审查并作出决定。

最高人民检察院对各级人民法院赔偿委员会作出的决定，上级人民检察院对下级人民法院赔偿委员会作出的决定，发现违反本法规定的，应当向同级人民法院赔偿委员会提出意见，同级人民法院赔偿委员会应当在两个月内重新审查并依法作出决定。

第三十一条 赔偿义务机关赔偿后，应当向有下列情形之一的工作人员追偿部分或者全部赔偿费用：

有本法第十七条第四项、第五项规定情形的；

在处理案件中有贪污受贿，徇私舞弊，枉法裁判行为的。

对有前款规定情形的责任人员，有关机关应当依法给予处分；构成犯罪的，应当依法追究刑事责任。

第四章 赔偿方式和计算标准

第三十二条 国家赔偿以支付赔偿金为主要方式。

能够返还财产或者恢复原状的，予以返还财产或者恢复原状。

第三十三条 侵犯公民人身自由的，每日赔偿金按照国家上年度职工日平均工资计算。

第三十四条 侵犯公民生命健康权的，赔偿金按照下列规定计算：

造成身体伤害的，应当支付医疗费、护理费，以及赔偿因误工减少的收入。减少的收入每日的赔偿金按照国家上年度职工日平均工资计算，最高额为国家上年度职工年平均工资的五倍；

造成部分或者全部丧失劳动能力的，应当支付医疗费、护理费、残疾生活辅助具费、康复费等因残疾而增加的必要支出和继续治疗所必需的费用，以及残疾赔偿金。残疾赔偿金根据丧失劳动能力的程度，按照国家规定的伤残等级确定，最高不超过国家上年度职工年平均工资的二十倍。造成全部丧失劳动能力的，对其扶养的无劳动能力的人，还应当支付生活费；

造成死亡的，应当支付死亡赔偿金、丧葬费，总额为国家上年度职工年平均工资的二十倍。对死者生前扶养的无劳动能力的人，还应当支付生活费。

前款第二项、第三项规定的生活费的发放标准，参照当地最低生活保障标准执行。被扶养的人是未成年人的，生活费给付至十八周岁止；其他无劳动能力的人，生活费给付至死亡时止。

第三十五条 有本法第三条或者第十七条规定情形之一，致人精神损害的，应当在侵权行为影响的范围内，为受害人消除影响，恢复名誉，赔礼道歉；造成严重后果的，应当支付相应的精神损害抚慰金。

第三十六条 侵犯公民、法人和其他组织的财产权造成损害的，按照下列规定处理：

处罚款、罚金、追缴、没收财产或者违法征收、征用财产的，返还财产；

查封、扣押、冻结财产的，解除对财产的查封、扣押、冻结，造成财产损坏或者灭失的，依照本条第三项、第四项的规定赔偿；

应当返还的财产损坏的，能够恢复原状的恢复原状，不能恢复原状的，按照损害程度给付相应的赔偿金；

应当返还的财产灭失的，给付相应的赔偿金；

财产已经拍卖或者变卖的，给付拍卖或者变卖所得的价款；变卖的价款明显低于财产价值的，应当支付相应的赔偿金；

吊销许可证和执照、责令停产停业的，赔偿停产停业期间必要的经常性费用开支；

返还执行的罚款或者罚金、追缴或者没收的金钱，解除冻结的存款或者汇款的，应当支付银行同期存款利息；

对财产权造成其他损害的，按照直接损失给予赔偿。

第三十七条　赔偿费用列入各级财政预算。

赔偿请求人凭生效的判决书、复议决定书、赔偿决定书或者调解书，向赔偿义务机关申请支付赔偿金。

赔偿义务机关应当自收到支付赔偿金申请之日起七日内，依照预算管理权限向有关的财政部门提出支付申请。财政部门应当自收到支付申请之日起十五日内支付赔偿金。

赔偿费用预算与支付管理的具体办法由国务院规定。

第五章　其他规定

第三十八条　人民法院在民事诉讼、行政诉讼过程中，违法采取对妨害诉讼的强制措施、保全措施或者对判决、裁定及其他生效法律文书执行错误，造成损害的，赔偿请求人要求赔偿的程序，适用本法刑事赔偿程序的规定。

第三十九条 赔偿请求人请求国家赔偿的时效为两年，自其知道或者应当知道国家机关及其工作人员行使职权时的行为侵犯其人身权、财产权之日起计算，但被羁押等限制人身自由期间不计算在内。在申请行政复议或者提起行政诉讼时一并提出赔偿请求的，适用行政复议法、行政诉讼法有关时效的规定。

赔偿请求人在赔偿请求时效的最后六个月内，因不可抗力或者其他障碍不能行使请求权的，时效中止。从中止时效的原因消除之日起，赔偿请求时效期间继续计算。

第四十条 外国人、外国企业和组织在中华人民共和国领域内要求中华人民共和国国家赔偿的，适用本法。

外国人、外国企业和组织的所属国对中华人民共和国公民、法人和其他组织要求该国国家赔偿的权利不予保护或者限制的，中华人民共和国与该外国人、外国企业和组织的所属国实行对等原则。

第六章 附 则

第四十一条 赔偿请求人要求国家赔偿的，赔偿义务机关、复议机关和人民法院不得向赔偿请求人收取任何费用。

对赔偿请求人取得的赔偿金不予征税。

第四十二条 本法自 2013 年 1 月 1 日起施行。

附 录

国家赔偿费用管理条例

中华人民共和国国务院令

第 589 号

《国家赔偿费用管理条例》已经 2010 年 12 月 29 日国务院第 138 次常务会议通过，现予公布，自公布之日起施行。

总理 温家宝

二〇一一年一月十七日

第一条 为了加强国家赔偿费用管理，保障公民、法人和其他组织享有依法取得国家赔偿的权利，促进国家机关依法行使职权，根据《中华人民共和国国家赔偿法》（以下简称国家赔偿法），制定本条例。

第二条 本条例所称国家赔偿费用，是指依照国家赔偿法的规定，应当向赔偿请求人赔偿的费用。

第三条 国家赔偿费用由各级人民政府按照财政管理体制分

级负担。

各级人民政府应当根据实际情况，安排一定数额的国家赔偿费用，列入本级年度财政预算。当年需要支付的国家赔偿费用超过本级年度财政预算安排的，应当按照规定及时安排资金。

第四条 国家赔偿费用由各级人民政府财政部门统一管理。

国家赔偿费用的管理应当依法接受监督。

第五条 赔偿请求人申请支付国家赔偿费用的，应当向赔偿义务机关提出书面申请，并提交与申请有关的生效判决书、复议决定书、赔偿决定书或者调解书以及赔偿请求人的身份证明。

赔偿请求人书写申请书确有困难的，可以委托他人代书；也可以口头申请，由赔偿义务机关如实记录，交赔偿请求人核对或者向赔偿请求人宣读，并由赔偿请求人签字确认。

第六条 申请材料真实、有效、完整的，赔偿义务机关收到申请材料即为受理。赔偿义务机关受理申请的，应当书面通知赔偿请求人。

申请材料不完整的，赔偿义务机关应当当场或者在 3 个工作日内一次告知赔偿请求人需要补正的全部材料。赔偿请求人按照赔偿义务机关的要求提交补正材料的，赔偿义务机关收到补正材料即为受理。未告知需要补正材料的，赔偿义务机关收到申请材料即为受理。

申请材料虚假、无效，赔偿义务机关决定不予受理的，应当书面通知赔偿请求人并说明理由。

第七条 赔偿请求人对赔偿义务机关不予受理决定有异议的，可以自收到书面通知之日起 10 日内向赔偿义务机关的上一级机关申请复核。上一级机关应当自收到复核申请之日起 5 个工作日内依法作出决定。

上一级机关认为不予受理决定错误的，应当自作出复核决定之日起3个工作日内通知赔偿义务机关受理，并告知赔偿请求人。赔偿义务机关应当在收到通知后立即受理。

上一级机关维持不予受理决定的，应当自作出复核决定之日起3个工作日内书面通知赔偿请求人并说明理由。

第八条 赔偿义务机关应当自受理赔偿请求人支付申请之日起7日内，依照预算管理权限向有关财政部门提出书面支付申请，并提交下列材料：

（一）赔偿请求人请求支付国家赔偿费用的申请；

（二）生效的判决书、复议决定书、赔偿决定书或者调解书；

（三）赔偿请求人的身份证明。

第九条 财政部门收到赔偿义务机关申请材料后，应当根据下列情况分别作出处理：

（一）申请的国家赔偿费用依照预算管理权限不属于本财政部门支付的，应当在3个工作日内退回申请材料并书面通知赔偿义务机关向有管理权限的财政部门申请；

（二）申请材料符合要求的，收到申请即为受理，并书面通知赔偿义务机关；

（三）申请材料不符合要求的，应当在3个工作日内一次告知赔偿义务机关需要补正的全部材料。赔偿义务机关应当在5个工作日内按照要求提交全部补正材料，财政部门收到补正材料即为受理。

第十条 财政部门应当自受理申请之日起15日内，按照预算和财政国库管理的有关规定支付国家赔偿费用。

财政部门发现赔偿项目、计算标准违反国家赔偿法规定的，应当提交作出赔偿决定的机关或者其上级机关依法处理、追究有关人员的责任。

第十一条 财政部门自支付国家赔偿费用之日起 3 个工作日内告知赔偿义务机关、赔偿请求人。

第十二条 赔偿义务机关应当依照国家赔偿法第十六条、第三十一条的规定，责令有关工作人员、受委托的组织或者个人承担或者向有关工作人员追偿部分或者全部国家赔偿费用。

赔偿义务机关依照前款规定作出决定后，应当书面通知有关财政部门。

有关工作人员、受委托的组织或者个人应当依照财政收入收缴的规定上缴应当承担或者被追偿的国家赔偿费用。

第十三条 赔偿义务机关、财政部门及其工作人员有下列行为之一，根据《财政违法行为处罚处分条例》的规定处理、处分；构成犯罪的，依法追究刑事责任：

（一）以虚报、冒领等手段骗取国家赔偿费用的；

（二）违反国家赔偿法规定的范围和计算标准实施国家赔偿造成财政资金损失的；

（三）不依法支付国家赔偿费用的；

（四）截留、滞留、挪用、侵占国家赔偿费用的；

（五）未依照规定责令有关工作人员、受委托的组织或者个人承担国家赔偿费用或者向有关工作人员追偿国家赔偿费用的；

（六）未依照规定将应当承担或者被追偿的国家赔偿费用及时上缴财政的。

第十四条 本条例自公布之日起施行。1995 年 1 月 25 日国务院发布的《国家赔偿费用管理办法》同时废止。

最高人民法院关于适用《中华人民共和国国家赔偿法》若干问题的解释（一）

法释〔2011〕4 号

中华人民共和国最高人民法院公告

《最高人民法院关于适用〈中华人民共和国国家赔偿法〉若干问题的解释（一）》已于 2011 年 2 月 14 日由最高人民法院审判委员会第 1511 次会议通过，现予公布，自 2011 年 3 月 18 日施行。

二〇一一年二月二十八日

为正确适用 2010 年 4 月 29 日第十一届全国人民代表大会常务委员会第十四次会议修正的《中华人民共和国国家赔偿法》，对人民法院处理国家赔偿案件中适用国家赔偿法的有关问题解释如下：

第一条 国家机关及其工作人员行使职权侵犯公民、法人和其他组织合法权益的行为发生在 2010 年 12 月 1 日以后，或者发生在 2010 年 12 月 1 日以前、持续至 2010 年 12 月 1 日以后的，适用修正的国家赔偿法。

第二条 国家机关及其工作人员行使职权侵犯公民、法人和其他组织合法权益的行为发生在 2010 年 12 月 1 日以前的，适用修正前的国家赔偿法，但有下列情形之一的，适用修正的国家赔偿法：

（一）2010 年 12 月 1 日以前已经受理赔偿请求人的赔偿请求但尚未作出生效赔偿决定的；

（二）赔偿请求人在 2010 年 12 月 1 日以后提出赔偿请求的。

第三条 人民法院对 2010 年 12 月 1 日以前已经受理但尚未审结的国家赔偿确认案件，应当继续审理。

第四条 公民、法人和其他组织对行使侦查、检察、审判职权的机关以及看守所、监狱管理机关在 2010 年 12 月 1 日以前作出并已发生法律效力的不予确认职务行为违法的法律文书不服，未依据修正前的国家赔偿法规定提出申诉并经有权机关作出侵权确认结论，直接向人民法院赔偿委员会申请赔偿的，不予受理。

第五条 公民、法人和其他组织对在 2010 年 12 月 1 日以前发生法律效力的赔偿决定不服提出申诉的，人民法院审查处理时适用修正前的国家赔偿法；但是仅就修正的国家赔偿法增加的赔偿项目及标准提出申诉的，人民法院不予受理。

第六条 人民法院审查发现 2010 年 12 月 1 日以前发生法律效力的确认裁定、赔偿决定确有错误应当重新审查处理的，适用修正前的国家赔偿法。

第七条 赔偿请求人认为行使侦查、检察、审判职权的机关以及看守所、监狱管理机关及其工作人员在行使职权时有修正的国家赔偿法第十七条第（一）、（二）、（三）项、第十八条规定情形的，应当在刑事诉讼程序终结后提出赔偿请求，但下列情形除外：

（一）赔偿请求人有证据证明其与尚未终结的刑事案件无关的；

（二）刑事案件被害人依据刑事诉讼法第一百九十八条的规

定，以财产未返还或者认为返还的财产受到损害而要求赔偿的。

第八条　赔偿请求人认为人民法院有修正的国家赔偿法第三十八条规定情形的，应当在民事、行政诉讼程序或者执行程序终结后提出赔偿请求，但人民法院已依法撤销对妨害诉讼采取的强制措施的情形除外。

第九条　赔偿请求人或者赔偿义务机关认为人民法院赔偿委员会作出的赔偿决定存在错误，依法向上一级人民法院赔偿委员会提出申诉的，不停止赔偿决定的执行；但人民法院赔偿委员会依据修正的国家赔偿法第三十条的规定决定重新审查的，可以决定中止原赔偿决定的执行。

第十条　人民检察院依据修正的国家赔偿法第三十条第三款的规定，对人民法院赔偿委员会在 2010 年 12 月 1 日以后作出的赔偿决定提出意见的，同级人民法院赔偿委员会应当决定重新审查，并可以决定中止原赔偿决定的执行。

第十一条　本解释自公布之日起施行。

最高人民法院赔偿办负责人对《关于适用〈中华人民共和国国家赔偿法〉若干问题的解释（一）》答记者问

（摘自中华人民共和国最高人民法院网站）

为正确贯彻十一届全国人大常委会第十四次会议修正的《中华人民共和国国家赔偿法》，最高人民法院日前颁布了《关于适用〈中华人民共和国国家赔偿法〉若干问题的解释（一）》。最高人民法院赔偿办负责人为此回答了记者的提问。

问1：本解释的制定背景和主要内容是什么？

答：国家赔偿法是实体与程序合一的一部较为特殊的法律，国家赔偿的主体、程序、范围、方式、标准均由法律直接规定。程序上除赔偿义务机关先行处理、请求复议之外（行政赔偿又有不同），立法机关把最终处理司法赔偿案件的权限设定在了人民法院赔偿委员会。这项工作是人民法院继刑事、民事、行政审判和执行工作之后又一项新的重要的工作。

2010年4月29日，第十一届全国人大常委会第十四次会议审议通过了《全国人民代表大会常务委员会关于修改〈中华人民共和国国家赔偿法〉的决定》（以下简称《决定》）。此次法律修改将更加有利于保障公民、法人和其他组织享有依法取得国家赔偿的权利，促进国家机关依法行使职权。《决定》修改内容较多，包括畅通赔偿请求渠道，完善赔偿办理程序，确定双方举证义务，明确精神损害赔偿，保障赔偿费用支付等。修正的《中华人民共和国国家赔偿法》已于 2010 年 12 月 1 日起施行。

法律施行后，人民法院（作为赔偿义务机关）和人民法院赔偿委员会在执行国家赔偿法的实践中，有关新旧法律适用上的衔接，特别是如何更有力地保护赔偿请求人的合法权益，更有效地维护法律秩序和社会秩序，更好地体现国家赔偿法修改的目的和宗旨，成为亟待解决的问题。有鉴于此，本解释对修正前后的国家赔偿法在适用上的衔接，原确认案件的处理，修正的国家赔偿法施行前已生效的确认和赔偿案件的申诉或重新审理，部分赔偿案件的提起条件，检察机关对生效决定提出意见，以及本解释的施行时间等问题作出了明确的规定。

问 2：制定本解释遵循的指导思想是什么？

答：在本解释的制定过程中，我们主要遵循了以下几项指导思想。一是严格遵循立法精神。立足于司法解释的功能定位，本解释严格按照国家赔偿法等法律法规的精神进行起草，确保国家赔偿法的一些原则规定得到有效的细化和贯彻落实。二是保障赔偿请求人合法权益和维护国家机关及其工作人员依法行使职权相统一。国家赔偿法是调整公权力致害后对受害人予以弥补损害的法律。解释一方面注重对公民、法人和其他组织受损的合法权益予以赔偿，体现有法必依、有错必纠的原则和宪法尊重和保障人权原则的落实，同时，也注意维护国家机关及其工作人员依法行使职权。三是充分发扬民主。本解释起草过程中，认真全面听取了相关立法、执法部门、法院系统以及专家学者、律师代表的意见和建议，并根据反馈意见数次作出修改，努力做到兼收并蓄，使司法解释的制定契合实践的需要。四是突出可操作性。紧紧围绕国家赔偿工作实践中的热点、难点和重点问题，考虑轻重缓急，分层次、有步骤进行起草，力求切实为赔偿工作实践提供统一的裁决依据。

问3：本解释如何体现有利于保护受害人获得国家赔偿的原则？

答：体现有利于保护受害人获得国家赔偿的原则是本解释的一大特色。国家赔偿法是规定国家机关及其工作人员侵权行为造成公民、法人和其他组织合法权益损害应予赔偿的法律，侵权行为是构成国家赔偿责任的最为主要的要件，因此，以侵权行为发生时间作为划定修正前后国家赔偿法法律适用的分界点，既有法理依据，也有可操作性。按照法不溯及既往的一般原则，侵权行为发生在修正的国家赔偿法施行之前的，审查处理该赔偿案件时原则上适用修正前的国家赔偿法。在秉承法不溯及既往原则的基础上，我们在制定本解释时，也始终把握国家赔偿法修改所体现的加大人权保障力度这一精神，结合实践中的具体情况，作出有关例外规定，使本解释更有利于保护受害人获得国家赔偿。具体表现为两个方面：

第一，对侵权行为持续至2010年12月1日以后的，规定适用修正的国家赔偿法。实践中有些案件的侵权行为不是单一的时间点，而是一个持续的过程。如侵犯人身自由权，对无罪的人予以羁押，整个羁押过程都是侵权行为的持续（如某人自2009年1月被刑事拘留、逮捕和被判刑，直至2011年1月经再审改判无罪，其两年的羁押时间即应视为侵权行为）。规定持续至2010年12月1日以后的侵权行为适用修正的国家赔偿法，有利于体现法律修改所彰显的加大人权保障力度的初衷，也与最高人民法院在1995年国家赔偿法实施之初作出的国家赔偿法溯及力的有关规定相符合，体现了法律适用的前后统一。

第二，对于侵权行为虽发生在 2010 年 12 月 1 日以前，但根据时效规定，赔偿请求人在 2010 年 12 月 1 日以后提出赔偿请求，以及在 2010 年 12 月 1 日前已经受理赔偿请求人的赔偿请求但尚未作出生效赔偿决定的案件，规定适用修正的国家赔偿法。如此规定的意义在于：贯彻了国家赔偿法修改中畅通赔偿程序、增加精神损害赔偿的新规定和新精神，照顾了司法解释稿征求意见过程中人民群众所反映的意见和要求，符合《立法法》第八十四条的规定，即法律一般不溯及既往，但为了更好地保护公民、法人和其他组织的权利和权益而作出的特别规定除外。如此规定既坚持了法不溯及既往的一般适用原则，也兼顾了司法实践中发生的具体情况。

问 4：本解释如何体现方便赔偿请求人进入求偿程序？

答：修正前的国家赔偿法规定，请求赔偿应首先确认原职权行为违法，即以获得违法确认结论为请求赔偿的前置程序。为此，最高人民法院司法解释规定，人民法院受理的确认案件（主要是民事、行政诉讼及执行程序中的司法确认案件）与国家赔偿案件是分开作为两个案件审理的。修正的国家赔偿法取消了确认前置程序，规定赔偿请求人认为国家机关及其工作人员违法行使职权造成损害的，可以直接向赔偿义务机关请求赔偿，实际上就是要实行"确赔合一"的案件处理程序，因此，本解释要就以往"确赔分离"的程序作出相应的调整和修改。

解释第三条针对人民法院在 2010 年 12 月 1 日以前已经受理但尚未结案的确认案件，规定应当依照修正前的国家赔偿法及《最高人民法院关于审理人民法院国家赔偿确认案件若干问题的规定

（试行）》的有关规定，继续审理并作出确认或不予确认的法律文书。作出上述解释的主要考虑是：首先，《决定》虽然取消了单独的确认前置程序，但违法赔偿的基本原则没有变，为减少申请人的诉累，节约司法资源，提高司法实效，已经受案的法院应当继续审理并及时裁决。其次，原单独设置的司法确认程序中，为防止自我护短，基层人民法院对自身的司法行为无确认权，确认法院的级别相对较高，鉴于案件既由更高一级的法院受理，也不宜再退到下级法院处理，以满足人民群众对对更高层次的司法裁决所具有的司法公信力的期待。

解释第四条是针对司法机关在2010年12月1日以前作出发生法律效力的不予确认违法的法律文书，应如何处理的规定。为维护法律秩序和社会关系的稳定，同时也为了保护公民、法人和其他组织依法享有的申诉权，对生效的不予确认违法的法律文书不服的，公民、法人和其他组织应依据修正前国家赔偿法的规定提出申诉。申诉后，有关机关作出违法侵权确认结论但拒绝赔偿，或赔偿请求人对赔偿决定、复议决定有异议，依法向人民法院赔偿委员会申请作出赔偿决定的，人民法院赔偿委员会应予受理，以保护赔偿请求人的求偿权。

问5：本解释如何平衡既有利于赔偿请求人求偿，又注重维护生效裁判既判力的问题？

答：一部新法或修正的法律实施后，就会产生新法溯及力与已有生效裁判文书既判力的优先效力问题。参考世界各国司法实践的通行做法，一般都奉行既判力优先于溯及力的原则，即修正后的新法对于其施行前已经终审或者生效的裁判行为没有溯及力，任何人、任何机关不能依据新法的规定翻案。据此，本解释第五条规定，2010 年 12 月 1 日以前已发生法律效力的国家赔偿案件，其法律文书的既判力不因修正的国家赔偿法施行而发生改变。考虑到应保护赔偿请求人的申诉权，本解释规定申诉人不服 2010 年 12 月 1 日以前生效赔偿决定的，可以提出申诉，但同时规定审查处理申诉时应当适用修正前的国家赔偿法。对于赔偿请求人仅就修正的国家赔偿法增加的赔偿项目及标准提出申诉的，则规定不予受理，其目的就是为了维护法律和社会利益的整体公平，维护既存的合理的社会秩序的稳定。

本解释第六条是本着实事求是、有错必纠的原则，规定人民法院发现 2010 年 12 月 1 日前已生效的法律文书确有错误的，应当适用修正前的国家赔偿法重新审查处理。如此规定主要是考虑到该法律文书系依照修正前的国家赔偿法作出并已生效，与其他依照修正前的国家赔偿法作出的生效法律文书应具有同样的适用标准。且根据本解释第五条的规定，修正的国家赔偿法施行以前生效的法律文书如无错误不需要重新审理的，其既判力受到法律保护。因此，2010 年 12 月 1 日前已生效的法律文书即便存在错误需要重新审理时，也应当适用修正前的国家赔偿法，而不应适用修正的国家赔偿法，否则对于那些既判力受到保护的案件及其赔偿请求人而言是不公平的。

问 6：本解释对于取消确认前置程序后赔偿请求人及时有效请求赔偿是如何规定的？

答：修正的国家赔偿法，取消了确认前置程序，为便于赔偿请求人及时、有效请求国家赔偿，本解释结合司法机关职务侵权行为的特点，以及赔偿与其他诉讼程序之间的关系，作出相关规定。

第七条是有关刑事赔偿请求条件的规定。一般来说，构成国家赔偿责任的行为要件是国家机关及其工作人员具有职务违法行为，其中包括法律行为和事实行为。修正的国家赔偿法第十七条、第十八条规定的侵犯人身自由权、财产权的行为，即刑事司法机关在刑事诉讼过程中作出的法律行为，直观表现为违法拘留、错误逮捕、违法刑事查封、扣押、冻结、追缴，或者错判刑罚等情形。一般来说，对刑事诉讼程序中作出的法律行为请求赔偿，应以刑事诉讼程序终结作为条件。如我们熟知的佘祥林案、赵作海案，都是刑事再审程序终结并作出宣告无罪结论后，他们才能依法提出刑事赔偿请求。很难想象，在刑事诉讼尚未终结以及对上述法律行为未通过法定程序作出结论之前，可以随意提起刑事赔偿请求。因此，本解释第七条规定，对刑事诉讼程序中作出的法律行为请求赔偿的，原则上应以刑事诉讼程序的终结为提起条件。但在有的刑事案件中，被侵犯人身权利或者财产权的受害人不是犯罪嫌疑人，他们确有证据证明其与刑事案件无关，还有的刑事案件受害人根据刑事诉讼法第一百九十八条以财产未返还或者认为返还的财产受到损害而要求赔偿的，则不需以刑事案件终结作为请求赔偿的条件。

第八条规定与第七条同理。因民事、行政诉讼和执行程序中的法律行为请求赔偿的，原则上也应以原诉讼或执行程序终结为提起条件。除以上原因外，就赔偿与其他诉讼程序的关系而言，如其他诉讼或执行程序的案件尚未终结，即可以就法律行为请求赔偿，并启动国家赔偿程序，则势必会造成诉讼或执行程序与国家赔偿程序并存的混乱局面。而赔偿程序在诉讼或执行程序终结之前，也不可能进行终局性的审查处理。因此，对民事、行政诉讼或执行程序中的法律行为请求赔偿的，也应以诉讼或执行程序终结为条件。但在民事、行政诉讼程序或者执行程序中，如人民法院已依法撤销了对妨害诉讼而采取的拘留决定、罚款决定，即说明原强制措施具有违法性，在此情况下即应允许赔偿请求人直接请求国家赔偿，这就解决了受害人能够及时有效维权的问题。

最高人民法院关于人民法院执行
《中华人民共和国国家赔偿法》几个问题的解释

法发〔1996〕15 号

（1996 年 5 月 6 日最高人民法院公布）

一、根据《中华人民共和国国家赔偿法》（以下简称赔偿法）第十七条第（二）项、第（三）项的规定，依照刑法第十四条、第十五条规定不负刑事责任的人和依照刑事诉讼法第十五条规定不追究刑事责任的人被羁押，国家不承担赔偿责任。但是对起诉后经人民法院判处拘役、有期徒刑、无期徒刑和死刑并已执行的上列人员，有权依法取得赔偿。判决确定前被羁押的日期依法不予赔偿。

二、依照赔偿法第三十一条的规定，人民法院在民事诉讼、行政诉讼过程中，违法采取对妨害诉讼的强制措施、保全措施或者对判决、裁定及其他生效法律文书执行错误，造成损害，具有以下情形之一的，适用刑事赔偿程序予以赔偿：

（一）错误实施司法拘留、罚款的；

（二）实施赔偿法第十五条第（四）项、第（五）项规定行为的；

（三）实施赔偿法第十六条第（一）项规定行为的。

人民法院审理的民事、经济、行政案件发生错判并已执行，依法应当执行回转的，或者当事人申请财产保全、先予执行，申请有错误造成财产损失依法应由申请人赔偿的，国家不承担赔偿责任。

三、公民、法人和其他组织申请人民法院依照赔偿法规定予以赔偿的案件，应当经过依法确认。未经依法确认的，赔偿请求人应当要求有关人民法院予以确认。被要求的人民法院由有关审判庭负责办理依法确认事宜，并应以人民法院的名义答复赔偿请求人。被要求的人民法院不予确认的，赔偿请求人有权申诉。

四、根据赔偿法第二十六条、第二十七条的规定，人民法院判处管制、有期徒刑缓刑、剥夺政治权利等刑罚的人被依法改判无罪的，国家不承担赔偿责任，但是，赔偿请求人在判决生效前被羁押的，依法有权取得赔偿。

五、根据赔偿法第十九条第四款"再审改判无罪的，作出原生效判决的人民法院为赔偿义务机关"的规定，原一审人民法院作出判决后，被告人没有上诉，人民检察院没有抗诉，判决发生法律效力的，原一审人民法院为赔偿义务机关；被告人上诉或者人民检察院抗诉，原二审人民法院维持一审判决或者对一审人民法院判决予以改判的，原二审人民法院为赔偿义务机关。

六、赔偿法第二十六条关于"侵犯公民人身自由的，每日的赔偿金按照国家上年度职工日平均工资计算"中规定的上年度，应为赔偿义务机关、复议机关或者人民法院赔偿委员会作出赔偿决定时的上年度；复议机关或者人民法院赔偿委员会决定维持原赔偿决定的，按作出原赔偿决定时的上年度执行。

国家上年度职工日平均工资数额，应当以职工年平均工资除以全年法定工作日数的方法计算。年平均工资以国家统计局公布的数字为准。

最高人民法院关于国家赔偿案件立案工作的规定

（2011 年 12 月 26 日最高人民法院审判委员会第
1537 次会议通过）

为保障公民、法人和其他组织依法行使请求国家赔偿的权利，保证人民法院及时、准确审查受理国家赔偿案件，根据《中华人民共和国国家赔偿法》及有关法律规定，现就人民法院国家赔偿案件立案工作规定如下：

第一条 本规定所称国家赔偿案件，是指国家赔偿法第十七条、第十八条、第二十一条、第三十八条规定的下列案件：

（一）违反刑事诉讼法的规定对公民采取拘留措施的，或者依照刑事诉讼法规定的条件和程序对公民采取拘留措施，但是拘留时间超过刑事诉讼法规定的时限，其后决定撤销案件、不起诉或者判决宣告无罪终止追究刑事责任的；

（二）对公民采取逮捕措施后，决定撤销案件、不起诉或者判决宣告无罪终止追究刑事责任的；

（三）二审改判无罪，以及二审发回重审后作无罪处理的；

（四）依照审判监督程序再审改判无罪，原判刑罚已经执行的；

（五）刑讯逼供或者以殴打、虐待等行为或者唆使、放纵他人以殴打、虐待等行为造成公民身体伤害或者死亡的；

（六）违法使用武器、警械造成公民身体伤害或者死亡的；

（七）在刑事诉讼过程中违法对财产采取查封、扣押、冻结、

追缴等措施的;

（八）依照审判监督程序再审改判无罪，原判罚金、没收财产已经执行的;

（九）在民事诉讼、行政诉讼过程中，违法采取对妨害诉讼的强制措施、保全措施或者对判决、裁定及其他生效法律文书执行错误，造成损害的。

第二条 赔偿请求人向作为赔偿义务机关的人民法院提出赔偿申请，或者依照国家赔偿法第二十四条、第二十五条的规定向人民法院赔偿委员会提出赔偿申请的，收到申请的人民法院根据本规定予以审查立案。

第三条 赔偿请求人当面递交赔偿申请的，收到申请的人民法院应当依照国家赔偿法第十二条的规定，当场出具加盖本院专用印章并注明收讫日期的书面凭证。

赔偿请求人以邮寄等形式提出赔偿申请的，收到申请的人民法院应当及时登记审查。

申请材料不齐全的，收到申请的人民法院应当在五日内一次性告知赔偿请求人需要补正的全部内容。收到申请的时间自人民法院收到补正材料之日起计算。

第四条 赔偿请求人向作为赔偿义务机关的人民法院提出赔偿申请，收到申请的人民法院经审查认为其申请符合下列条件的，应予立案:

（一）赔偿请求人具备法律规定的主体资格;

（二）本院是赔偿义务机关;

（三）有具体的申请事项和理由;

（四）属于本规定第一条规定的情形。

第五条 赔偿请求人对作为赔偿义务机关的人民法院作出的是否赔偿的决定不服，依照国家赔偿法第二十四条的规定向其上一级人民法院赔偿委员会提出赔偿申请，收到申请的人民法院经审查认为其申请符合下列条件的，应予立案：

（一）有赔偿义务机关作出的是否赔偿的决定书；

（二）符合法律规定的请求期间，因不可抗力或者其他障碍未能在法定期间行使请求权的情形除外。

第六条 作为赔偿义务机关的人民法院逾期未作出是否赔偿的决定，赔偿请求人依照国家赔偿法第二十四条的规定向其上一级人民法院赔偿委员会提出赔偿申请，收到申请的人民法院经审查认为其申请符合下列条件的，应予立案：

（一）赔偿请求人具备法律规定的主体资格；

（二）被申请的赔偿义务机关是法律规定的赔偿义务机关；

（三）有具体的申请事项和理由；

（四）属于本规定第一条规定的情形；

（五）有赔偿义务机关已经收到赔偿申请的收讫凭证或者相应证据；

（六）符合法律规定的请求期间，因不可抗力或者其他障碍未能在法定期间行使请求权的情形除外。

第七条 赔偿请求人对行使侦查、检察职权的机关以及看守所、监狱管理机关作出的决定不服，经向其上一级机关申请复议，对复议机关的复议决定仍不服，依照国家赔偿法第二十五条的规定向复议机关所在地的同级人民法院赔偿委员会提出赔偿申请，收到申请的人民法院经审查认为其申请符合下列条件的，应予立案：

（一）有复议机关的复议决定书；

（二）符合法律规定的请求期间，因不可抗力或者其他障碍未能在法定期间行使请求权的情形除外。

第八条 复议机关逾期未作出复议决定，赔偿请求人依照国家赔偿法第二十五条的规定向复议机关所在地的同级人民法院赔偿委员会提出赔偿申请，收到申请的人民法院经审查认为其申请符合下列条件的，应予立案：

（一）赔偿请求人具备法律规定的主体资格；

（二）被申请的赔偿义务机关、复议机关是法律规定的赔偿义务机关、复议机关；

（三）有具体的申请事项和理由；

（四）属于本规定第一条规定的情形；

（五）有赔偿义务机关、复议机关已经收到赔偿申请的收讫凭证或者相应证据；

（六）符合法律规定的请求期间，因不可抗力或者其他障碍未能在法定期间行使请求权的情形除外。

第九条 人民法院应当在收到申请之日起七日内决定是否立案。

决定立案的，人民法院应当在立案之日起五日内向赔偿请求人送达受理案件通知书。属于人民法院赔偿委员会审理的国家赔偿案件，还应当同时向赔偿义务机关、复议机关送达受理案件通知书、国家赔偿申请书或者《申请赔偿登记表》副本。

经审查不符合立案条件的，人民法院应当在七日内作出不予受理决定，并应当在作出决定之日起十日内送达赔偿请求人。

第十条 赔偿请求人对复议机关或者作为赔偿义务机关的人

民法院作出的决定不予受理的文书不服，依照国家赔偿法第二十四条、第二十五条的规定向人民法院赔偿委员会提出赔偿申请，收到申请的人民法院可以依照本规定第六条、第八条予以审查立案。

经审查认为原不予受理错误的，人民法院赔偿委员会可以直接审查并作出决定，必要时也可以交由复议机关或者作为赔偿义务机关的人民法院作出决定。

第十一条 自本规定施行之日起，《最高人民法院关于刑事赔偿和非刑事司法赔偿案件立案工作的暂行规定（试行）》即行废止；本规定施行前本院发布的司法解释与本规定不一致的，以本规定为准。

国家赔偿确认案件若干问题的规定（试行）

（2004 年 5 月 18 日最高人民法院审判委员会第 1315 次会议通过）

第一条 公民、法人或者其他组织认为人民法院及其工作人员的职务行为侵犯其合法权益提起国家赔偿请求的，除本规定第五条规定的情形外，应当依法先行申请确认。

第二条 公民、法人或者其他组织认为人民法院及其工作人员违法行使职权？申请确认的是确认申请人。

申请确认由作出司法行为的人民法院受理，但申请确认基层人民法院司法行为违法的案件，由中级人民法院受理。

第三条 具备下列条件的，应予立案：

（一）确认申请人应当具有《中华人民共和国国家赔偿法》第十八条规定的国家赔偿请求人资格；

（二）有具体的确认请求和损害事实、理由；

（三）确认申请人申请确认应当在司法行为发生或者知道、应当知道司法行为发生之日起两年内提出；

（四）属于受理确认申请的人民法院管辖。

第四条 具有下列情形之一的确认申请，不予受理：

（一）依法应当通过审判监督程序提出申诉或者申请再审的；

（二）申请事项属于司法机关已经立案正在查处的；

（三）人民法院工作人员的行为与行使职权无关的；

（四）属于《中华人民共和国民事诉讼法》第二百一十四条

规定情形的；

（五）依法不属于确认范围的其他情形。

第五条　人民法院作出的下列情形之一的判决、裁定、决定，属于依法确认，当事人可以根据该判决、裁定、决定提出国家赔偿申请：

（一）逮捕决定已经依法撤销的，但《中华人民共和国刑事诉讼法》第十五条规定的情形除外；

（二）判决宣告无罪并已发生法律效力的；

（三）实施了国家赔偿法第十五条第（四）、（五）项规定的行为责任人员已被依法追究的；

（四）实施了国家赔偿法第十六条第（一）项规定行为，并已依法作出撤销决定的；

（五）依法撤销违法司法拘留、罚款、财产保全、执行裁定、决定的；

（六）对违法行为予以纠正的其他情形。

第六条　人民法院应当在收到确认申请之日起七日内决定是否立案。

审查立案时，发现缺少相关证据的，可以通知确认申请人七日内予以补充。

第七条　确认申请人对不予受理决定不服的，可以在收到不予受理决定书之日起十五日内，向上一级人民法院申请复议。

上一级人民法院应当在收到复议申请之日起三十日内作出是否受理的决定。

第八条　人民法院审理确认案件应当组成合议庭。

第九条　人民法院审理确认案件，应当审查以下内容：

（一）被申请确认的损害事实是否存在；

（二）人民法院原作出司法行为的理由及依据；

（三）人民法院原行使职权的行为是否符合法定程序、原行使的职权适用法律是否正确；

（四）其他需要审查的内容。

第十条 人民法院审理确认案件可以进行书面审理，根据案件的具体情况可以进行听证。是否听证由合议庭决定。

第十一条 被申请确认的案件在原审判、执行过程中，具有下列情形之一的，应当确认违法：

（一）人民法院决定逮捕的犯罪嫌疑人没有犯罪事实或者事实不清、证据不足，释放后，未依法撤销逮捕决定的；

（二）查封、扣押、冻结、追缴与刑事案件无关的合法财产，并造成损害的；

（三）违反法律规定对没有实施妨害诉讼行为的人、被执行人、协助执行人等，采取或者重复采取拘传、拘留、罚款等强制措施，且未依法撤销的；

（四）司法拘留超过法律规定或者决定书确定的期限的；

（五）超过法定金额实施司法罚款的；

（六）违反法律规定采取或者解除保全措施，给确认申请人造成损害的；

（七）超标的查封、扣押、冻结、变卖或者执行确认申请人可分割的财产，给申请人造成损害的；

（八）违反法律规定，重复查封、扣押、冻结确认申请人财产，给申请人造成损害的？

（九）对查封、扣押的财物故意不履行监管职责，发生灭失或者其他严重后果，给确认申请人造成损害的；

（十）对已经发现的被执行人的财产，故意拖延执行或者不执行，导致被执行的财产流失，给确认申请人造成损害的；

（十一）对应当恢复执行的案件不予恢复执行，导致被执行的财产流失，给确认申请人造成损害的；

（十二）没有法律依据将案件执行款物执行给其他当事人或者案外人，给确认申请人造成损害的；

（十三）违法查封、扣押、执行案外人财产，给案外人造成损害的；

（十四）对依法应当拍卖的财产未拍卖，强行将财产变卖或者以物抵债，给确认申请人造成损害的；

（十五）违反法律规定的其他情形。

第十二条 人民法院确认或者不予确认违法行使职权的，应当制作裁定书。确认违法的，应同时撤销原违法裁决。

人民法院对本院司法行为是否违法作出的裁定书由院长署名；上级人民法院对下级人民法院司法行为是否违法作出的裁定书由合议庭署名。

第十三条 人民法院审理确认案件，应当自送达受理通知书之日起六个月内作出裁定。需要延长期限的，报请本院院长批准可以延期三个月。

第十四条 确认申请人对人民法院受理确认申请后，超过审理期限未作出裁决的，可以在期满后三十日内向上一级人民法院提出书面申诉。

上一级人民法院应当在收到确认申诉书之日起三个月内指令下级人民法院限期作出裁定或者自行审理。自行审理需要延长期限的，报请本院院长批准可以延期三个月。

第十五条 上级人民法院审理确认案件举行听证的，下级人民法院应当参加听证。

确认申请人无正当理由不参加听证的，视为撤回确认申请。

第十六条 原作出司法行为的人民法院有义务对其行为的合法性作出说明。

第十七条 确认申请人对人民法院作出的不予确认违法的裁定不服，可以在收到裁定书之日起三十日内向上一级人民法院提出申诉。

上一级人民法院应当在收到确认申诉书之日起三个月内作出确认或者不予确认的裁定。需要延长期限的，报请本院院长批准可以延期三个月。

第十八条 最高人民法院对各级人民法院、上级人民法院对下级人民法院作出的确认裁定认为确有错误的，可以直接作出确认，也可以指令下级人民法院或者其他同级人民法院重新确认。

第十九条 本规定发布前的司法解释，与本规定相抵触的，以本规定为准。

第二十条 本规定自 2004 年 10 月 1 日起施行。

最高人民法院关于国家赔偿监督程序
若干问题的规定

法释〔2017〕9号

(2017年2月27日最高人民法院审判委员会第1711次会议审议通过)

为了保障赔偿请求人和赔偿义务机关的申诉权,规范国家赔偿监督程序,根据《中华人民共和国国家赔偿法》及有关法律规定,结合国家赔偿工作实际,制定本规定。

第一条 依照国家赔偿法第三十条的规定,有下列情形之一的,适用本规定予以处理:

(一)赔偿请求人或者赔偿义务机关认为赔偿委员会生效决定确有错误,向上一级人民法院赔偿委员会提出申诉的;

(二)赔偿委员会生效决定违反国家赔偿法规定,经本院院长决定或者上级人民法院指令重新审理,以及上级人民法院决定直接审理的;

(三)最高人民检察院对各级人民法院赔偿委员会生效决定,上级人民检察院对下级人民法院赔偿委员会生效决定,发现违反国家赔偿法规定,向同级人民法院赔偿委员会提出重新审查意见的。

行政赔偿案件的审判监督依照行政诉讼法的相关规定执行。

第二条 赔偿请求人或者赔偿义务机关对赔偿委员会生效决定,认为确有错误的,可以向上一级人民法院赔偿委员会提出申诉。申诉审查期间,不停止生效决定的执行。

第三条 赔偿委员会决定生效后,赔偿请求人死亡或者其主体资格终止的,其权利义务承继者可以依法提出申诉。

赔偿请求人死亡,依法享有继承权的同一顺序继承人有数人时,其中一人或者部分人申诉的,申诉效力及于全体;但是申请撤回申诉或者放弃赔偿请求的,效力不及于未明确表示撤回申诉或者放弃赔偿请求的其他继承人。

赔偿义务机关被撤销或者职权变更的,继续行使其职权的机关可以依法提出申诉。

第四条 赔偿请求人、法定代理人可以委托一至二人作为代理人代为申诉。申诉代理人的范围包括:

(一)律师、基层法律服务工作者;

(二)赔偿请求人的近亲属或者工作人员;

(三)赔偿请求人所在社区、单位以及有关社会团体推荐的公民。

赔偿义务机关可以委托本机关工作人员、法律顾问、律师一至二人代为申诉。

第五条 赔偿请求人或者赔偿义务机关申诉,应当提交以下材料:

(一)申诉状。申诉状应当写明申诉人和被申诉人的基本信息,申诉的法定事由,以及具体的请求、事实和理由;书写申诉状确有困难的,可以口头申诉,由人民法院记入笔录。

(二)身份证明及授权文书。赔偿请求人申诉的,自然人应当提交身份证明，法人或者其他组织应当提交营业执照、组织机构代码证书、法定代表人或者主要负责人身份证明；赔偿义务机关申诉的，应当提交法定代表人或者主要负责人身份证明；委托他人申诉的，应当提交授权委托书和代理人身份证明。

（三）法律文书。即赔偿义务机关、复议机关及赔偿委员会作出的决定书等法律文书。

（四）其他相关材料。以有新的证据证明原决定认定的事实确有错误为由提出申诉的，应当同时提交相关证据材料。

申诉材料不符合前款规定的，人民法院应当一次性告知申诉人需要补正的全部内容及补正期限。补正期限一般为十五日，最长不超过一个月。申诉人对必要材料拒绝补正或者未能在规定期限内补正的，不予审查。收到申诉材料的时间自人民法院收到补正后的材料之日起计算。

第六条 申诉符合下列条件的，人民法院应当在收到申诉材料之日起七日内予以立案：

（一）申诉人具备本规定的主体资格；

（二）受理申诉的人民法院是作出生效决定的人民法院的上一级人民法院；

（三）提交的材料符合本规定第五条的要求。

申诉不符合上述规定的，人民法院不予受理并应当及时告知申诉人。

第七条 赔偿请求人或者赔偿义务机关申诉，有下列情形之一的，人民法院不予受理：

（一）赔偿委员会驳回申诉后，申诉人再次提出申诉的；

（二）赔偿请求人对作为赔偿义务机关的人民法院作出的决定

不服，未在法定期限内向其上一级人民法院赔偿委员会申请作出赔偿决定，在赔偿义务机关的决定发生法律效力后直接向人民法院赔偿委员会提出申诉的；

（三）赔偿请求人、赔偿义务机关对最高人民法院赔偿委员会作出的决定不服提出申诉的；

（四）赔偿请求人对行使侦查、检察职权的机关以及看守所主管机关、监狱管理机关作出的决定，未在法定期限内向其上一级机关申请复议，或者申请复议后复议机关逾期未作出决定或者复议机关已作出复议决定，但赔偿请求人未在法定期限内向复议机关所在地的同级人民法院赔偿委员会申请作出赔偿决定，在赔偿义务机关、复议机关的相关决定生效后直接向人民法院赔偿委员会申诉的。

第八条　赔偿委员会对于立案受理的申诉案件，应当着重围绕申诉人的申诉事由进行审查。必要时，应当对原决定认定的事实、证据和适用法律进行全面审查。

第九条　赔偿委员会审查申诉案件采取书面审查的方式，根据需要可以听取申诉人和被申诉人的陈述和申辩。

第十条　赔偿委员会审查申诉案件，一般应当在三个月内作出处理，至迟不得超过六个月。有特殊情况需要延长的，由本院院长批准。

第十一条　有下列情形之一的，应当决定重新审理：

（一）有新的证据，足以推翻原决定的；

（二）原决定认定的基本事实缺乏证据证明的；

（三）原决定认定事实的主要证据是伪造的；

（四）原决定适用法律确有错误的；

（五）原决定遗漏赔偿请求，且确实违反国家赔偿法规定的；

（六）据以作出原决定的法律文书被撤销或者变更的；

（七）审判人员在审理该案时有贪污受贿、徇私舞弊、枉法裁判行为的；

（八）原审理程序违反法律规定，可能影响公正审理的。

第十二条 申诉人在申诉阶段提供新的证据，应当说明逾期提供的理由。

申诉人提供的新的证据，能够证明原决定认定的基本事实或者处理结果错误的，应当认定为本规定第十一条第一项规定的情形。

第十三条 赔偿委员会经审查，对申诉人的申诉按照下列情形分别处理：

（一）申诉人主张的重新审理事由成立，且符合国家赔偿法和本规定的申诉条件的，决定重新审理。重新审理包括上级人民法院赔偿委员会直接审理或者指令原审人民法院赔偿委员会重新审理。

（二）申诉人主张的重新审理事由不成立，或者不符合国家赔偿法和本规定的申诉条件的，书面驳回申诉。

（三）原决定不予受理或者驳回赔偿申请错误的，撤销原决定，指令原审人民法院赔偿委员会依法审理。

第十四条 人民法院院长发现本院赔偿委员会生效决定违反国家赔偿法规定，认为需要重新审理的，应当提交审判委员会讨论决定。

最高人民法院对各级人民法院赔偿委员会生效决定，上级人民法院对下级人民法院赔偿委员会生效决定，发现违反国家赔偿法规定的，有权决定直接审理或者指令下级人民法院赔偿委员会重新审理。

第十五条　最高人民检察院对各级人民法院赔偿委员会生效决定，上级人民检察院对下级人民法院赔偿委员会生效决定，向同级人民法院赔偿委员会提出重新审查意见的，同级人民法院赔偿委员会应当决定直接审理，并将决定书送达提出意见的人民检察院。

第十六条　赔偿委员会重新审理案件，适用国家赔偿法和相关司法解释关于赔偿委员会审理程序的规定；本规定依据国家赔偿法和相关法律对重新审理程序有特别规定的，适用本规定。

原审人民法院赔偿委员会重新审理案件，应当另行指定审判人员。

第十七条　决定重新审理的案件，可以根据案件情形中止原决定的执行。

第十八条　赔偿委员会重新审理案件，采取书面审理的方式，必要时可以向有关单位和人员调查情况、收集证据，听取申诉人、被申诉人或者赔偿请求人、赔偿义务机关的陈述和申辩。有本规定第十一条第一项、第三项情形，或者赔偿委员会认为确有必要的，可以组织申诉人、被申诉人或者赔偿请求人、赔偿义务机关公开质证。

对于人民检察院提出意见的案件，赔偿委员会组织质证时应当通知提出意见的人民检察院派员出席。

第十九条　赔偿委员会重新审理案件，应当对原决定认定的事实、证据和适用法律进行全面审理。

第二十条 赔偿委员会重新审理的案件，应当在两个月内依法作出决定。

第二十一条 案件经重新审理后，应当根据下列情形分别处理：

（一）原决定认定事实清楚、适用法律正确的，应当维持原决定；

（二）原决定认定事实、适用法律虽有瑕疵，但决定结果正确的，应当在决定中纠正瑕疵后予以维持；

（三）原决定认定事实、适用法律错误，导致决定结果错误的，应当撤销、变更、重新作出决定；

（四）原决定违反国家赔偿法规定，对不符合案件受理条件的赔偿申请进行实体处理的，应当撤销原决定，驳回赔偿申请；

（五）申诉人、被申诉人或者赔偿请求人、赔偿义务机关经协商达成协议的，赔偿委员会依法审查并确认后，应当撤销原决定，根据协议作出新决定。

第二十二条 赔偿委员会重新审理后作出的决定，应当及时送达申诉人、被申诉人或者赔偿请求人、赔偿义务机关和提出意见的人民检察院。

第二十三条 在申诉审查或者重新审理期间，有下列情形之一的，赔偿委员会应当决定中止审查或者审理：

（一）申诉人、被申诉人或者原赔偿请求人、原赔偿义务机关死亡或者终止，尚未确定权利义务承继者的；

（二）申诉人、被申诉人或者赔偿请求人丧失行为能力，尚未

确定法定代理人的;

（三）宣告无罪的案件，人民法院决定再审或者人民检察院按照审判监督程序提出抗诉的;

（四）申诉人、被申诉人或者赔偿请求人、赔偿义务机关因不可抗拒的事由，在法定审限内不能参加案件处理的;

（五）其他应当中止的情形。

中止的原因消除后，赔偿委员会应当及时恢复审查或者审理，并通知申诉人、被申诉人或者赔偿请求人、赔偿义务机关和提出意见的人民检察院。

第二十四条 在申诉审查期间，有下列情形之一的，赔偿委员会应当决定终结审查:

（一）申诉人死亡或者终止，无权利义务承继者或者权利义务承继者声明放弃申诉的;

（二）据以申请赔偿的撤销案件决定、不起诉决定或者无罪判决被撤销的;

（三）其他应当终结的情形。

在重新审理期间，有上述情形或者人民检察院撤回意见的，赔偿委员会应当决定终结审理。

第二十五条 申诉人在申诉审查或者重新审理期间申请撤回申诉的，赔偿委员会应当依法审查并作出是否准许的决定。

赔偿委员会准许撤回申诉后，申诉人又重复申诉的，不予受理，但有本规定第十一条第一项、第三项、第六项、第七项规定情形，自知道或者应当知道该情形之日起六个月内提出的除外。

第二十六条 赔偿请求人在重新审理期间申请撤回赔偿申请

的，赔偿委员会应当依法审查并作出是否准许的决定。准许撤回赔偿申请的，应当一并撤销原决定。

赔偿委员会准许撤回赔偿申请的决定送达后，赔偿请求人又重复申请国家赔偿的，不予受理。

第二十七条　本规定自 2017 年 5 月 1 日起施行。最高人民法院以前发布的司法解释和规范性文件，与本规定不一致的，以本规定为准。

最高人民法院关于国家赔偿案件案由的规定

（2011 年 12 月 26 日最高人民法院审判委员会第 1537 次会议通过）

为正确适用法律，根据《中华人民共和国国家赔偿法》，结合国家赔偿工作实际，对国家赔偿案件案由规定如下：

一、违法刑事拘留赔偿（国家赔偿法第十七条第（一）项）。违反刑事诉讼法的规定对公民采取拘留措施的，或者依照刑事诉讼法规定的条件和程序对公民采取拘留措施，但是拘留时间超过刑事诉讼法规定的时限，其后决定撤销案件、不起诉或者判决宣告无罪终止追究刑事责任的赔偿案件。

二、无罪逮捕赔偿（国家赔偿法第十七条第（二）项）。对公民采取逮捕措施后，决定撤销案件、不起诉或者一审判决宣告无罪终止追究刑事责任的赔偿案件。

三、二审无罪赔偿（国家赔偿法第二十一条第四款）。二审改判无罪的赔偿案件。

四、重审无罪赔偿（国家赔偿法第二十一条第四款）。二审发回重审后作无罪处理的赔偿案件。

五、再审无罪赔偿（国家赔偿法第十七条第（三）项）。依照审判监督程序再审改判无罪，原判刑罚已经执行的赔偿案件。

六、刑讯逼供致伤、致死赔偿（国家赔偿法第十七条第（四）项）。刑讯逼供造成公民身体伤害或者死亡的赔偿案件。

七、殴打、虐待致伤、致死赔偿（国家赔偿法第十七条第

（四）项）。以殴打、虐待等行为或者唆使、放纵他人以殴打、虐待等行为造成公民身体伤害或者死亡的赔偿案件。

八、违法使用武器、警械致伤、致死赔偿（国家赔偿法第十七条第（五）项）。违法使用武器、警械造成公民身体伤害或者死亡的赔偿案件。

九、刑事违法查封、扣押、冻结、追缴赔偿（国家赔偿法第十八条第（一）项）。在刑事诉讼过程中，违法对财产采取查封、扣押、冻结、追缴等措施的赔偿案件。

十、错判罚金、没收财产赔偿（国家赔偿法第十八条第（二）项）。依照审判监督程序再审改判无罪，原判罚金、没收财产已经执行的赔偿案件。

十一、违法司法罚款赔偿（国家赔偿法第三十八条）。人民法院在民事诉讼、行政诉讼过程中，违法司法罚款造成损害的赔偿案件。

十二、违法司法拘留赔偿（国家赔偿法第三十八条）。人民法院在民事诉讼、行政诉讼过程中，违法司法拘留造成损害的赔偿案件。

十三、违法保全赔偿（国家赔偿法第三十八条）。人民法院在民事诉讼、行政诉讼过程中，违法采取保全措施造成损害的赔偿案件。

十四、错误执行赔偿（国家赔偿法第三十八条）。人民法院在民事诉讼、行政诉讼过程中，对判决、裁定及其他生效法律文书执行错误造成损害的赔偿案件。

最高人民法院关于审理民事、行政诉讼中司法赔偿案件适用法律若干问题的解释

中华人民共和国最高人民法院公告

法释〔2016〕20号

《最高人民法院关于审理民事、行政诉讼中司法赔偿案件适用法律若干问题的解释》已于2016年2月15日由最高人民法院审判委员会第1678次会议通过，现予公布，自2016年10月1日起施行。

最高人民法院

2016年9月7日

根据《中华人民共和国国家赔偿法》及有关法律规定，结合人民法院国家赔偿工作实际，现就人民法院赔偿委员会审理民事、行政诉讼中司法赔偿案件的若干法律适用问题解释如下：

第一条 人民法院在民事、行政诉讼过程中，违法采取对妨害诉讼的强制措施、保全措施、先予执行措施，或者对判决、裁定及其他生效法律文书执行错误，侵犯公民、法人和其他组织合法权益并造成损害的，赔偿请求人可以依法向人民法院申请赔偿。

第二条 违法采取对妨害诉讼的强制措施，包括以下情形：

（一）对没有实施妨害诉讼行为的人采取罚款或者拘留措施的；

（二）超过法律规定金额采取罚款措施的；

（三）超过法律规定期限采取拘留措施的；

（四）对同一妨害诉讼的行为重复采取罚款、拘留措施的；

（五）其他违法情形。

第三条 违法采取保全措施，包括以下情形：

（一）依法不应当采取保全措施而采取的；

（二）依法不应当解除保全措施而解除，或者依法应当解除保全措施而不解除的；

（三）明显超出诉讼请求的范围采取保全措施的，但保全财产为不可分割物且被保全人无其他财产或者其他财产不足以担保债权实现的除外；

（四）在给付特定物之诉中，对与案件无关的财物采取保全措施的；

（五）违法保全案外人财产的；

（六）对查封、扣押、冻结的财产不履行监管职责，造成被保全财产毁损、灭失的；

（七）对季节性商品或者鲜活、易腐烂变质以及其他不宜长期保存的物品采取保全措施，未及时处理或者违法处理，造成物品毁损或者严重贬值的；

（八）对不动产或者船舶、航空器和机动车等特定动产采取保全措施，未依法通知有关登记机构不予办理该保全财产的变更登记，造成该保全财产所有权被转移的；

（九）违法采取行为保全措施的；

（十）其他违法情形。

第四条 违法采取先予执行措施，包括以下情形：

（一）违反法律规定的条件和范围先予执行的；

（二）超出诉讼请求的范围先予执行的；

（三）其他违法情形。

第五条　对判决、裁定及其他生效法律文书执行错误，包括以下情形：

（一）执行未生效法律文书的；

（二）超出生效法律文书确定的数额和范围执行的；

（三）对已经发现的被执行人的财产，故意拖延执行或者不执行，导致被执行财产流失的；

（四）应当恢复执行而不恢复，导致被执行财产流失的；

（五）违法执行案外人财产的；

（六）违法将案件执行款物执行给其他当事人或者案外人的；

（七）违法对抵押物、质物或者留置物采取执行措施，致使抵押权人、质权人或者留置权人的优先受偿权无法实现的；

（八）对执行中查封、扣押、冻结的财产不履行监管职责，造成财产毁损、灭失的；

（九）对季节性商品或者鲜活、易腐烂变质以及其他不宜长期保存的物品采取执行措施，未及时处理或者违法处理，造成物品毁损或者严重贬值的；

（十）对执行财产应当拍卖而未依法拍卖的，或者应当由资产评估机构评估而未依法评估，违法变卖或者以物抵债的；

（十一）其他错误情形。

第六条　人民法院工作人员在民事、行政诉讼过程中，有殴打、虐待或者唆使、放纵他人殴打、虐待等行为，以及违法使用武器、警械，造成公民身体伤害或者死亡的，适用国家赔偿法第十七条第四项、第五项的规定予以赔偿。

第七条 具有下列情形之一的，国家不承担赔偿责任：

（一）属于民事诉讼法第一百零五条、第一百零七条第二款和第二百三十三条规定情形的；

（二）申请执行人提供执行标的物错误的，但人民法院明知该标的物错误仍予以执行的除外；

（三）人民法院依法指定的保管人对查封、扣押、冻结的财产违法动用、隐匿、毁损、转移或者变卖的；

（四）人民法院工作人员与行使职权无关的个人行为；

（五）因不可抗力、正当防卫和紧急避险造成损害后果的；

（六）依法不应由国家承担赔偿责任的其他情形。

第八条 因多种原因造成公民、法人和其他组织合法权益损害的，应当根据人民法院及其工作人员行使职权的行为对损害结果的发生或者扩大所起的作用等因素，合理确定赔偿金额。

第九条 受害人对损害结果的发生或者扩大也有过错的，应当根据其过错对损害结果的发生或者扩大所起的作用等因素，依法减轻国家赔偿责任。

第十条 公民、法人和其他组织的损失，已经在民事、行政诉讼过程中获得赔偿、补偿的，对该部分损失，国家不承担赔偿责任。

第十一条 人民法院及其工作人员在民事、行政诉讼过程中，具有本解释第二条、第六条规定情形，侵犯公民人身权的，应当依照国家赔偿法第三十三条、第三十四条的规定计算赔偿金。致人精神损害的，应当依照国家赔偿法第三十五条的规定，在侵权行为影响的范围内，为受害人消除影响、恢复名誉、赔礼道歉；

造成严重后果的，还应当支付相应的精神损害抚慰金。

第十二条 人民法院及其工作人员在民事、行政诉讼过程中，具有本解释第二条至第五条规定情形，侵犯公民、法人和其他组织的财产权并造成损害的，应当依照国家赔偿法第三十六条的规定承担赔偿责任。

财产不能恢复原状或者灭失的，应当按照侵权行为发生时的市场价格计算损失；市场价格无法确定或者该价格不足以弥补受害人所受损失的，可以采用其他合理方式计算损失。

第十三条 人民法院及其工作人员对判决、裁定及其他生效法律文书执行错误，且对公民、法人或者其他组织的财产已经依照法定程序拍卖或者变卖的，应当给付拍卖或者变卖所得的价款。

人民法院违法拍卖，或者变卖价款明显低于财产价值的，应当依照本解释第十二条的规定支付相应的赔偿金。

第十四条 国家赔偿法第三十六条第六项规定的停产停业期间必要的经常性费用开支，是指法人、其他组织和个体工商户为维系停产停业期间运营所需的基本开支，包括留守职工工资、必须缴纳的税费、水电费、房屋场地租金、设备租金、设备折旧费等必要的经常性费用。

第十五条 国家赔偿法第三十六条第七项规定的银行同期存款利息，以作出生效赔偿决定时中国人民银行公布的一年期人民币整存整取定期存款基准利率计算，不计算复利。

应当返还的财产属于金融机构合法存款的，对存款合同存续期间的利息按照合同约定利率计算。

应当返还的财产系现金的，比照本条第一款规定支付利息。

第十六条 依照国家赔偿法第三十六条规定返还的财产系国

家批准的金融机构贷款的，除贷款本金外，还应当支付该贷款借贷状态下的贷款利息。

第十七条 用益物权人、担保物权人、承租人或者其他合法占有使用财产的人，依据国家赔偿法第三十八条规定申请赔偿的，人民法院应当依照《最高人民法院关于国家赔偿案件立案工作的规定》予以审查立案。

第十八条 人民法院在民事、行政诉讼过程中，违法采取对妨害诉讼的强制措施、保全措施、先予执行措施，或者对判决、裁定及其他生效法律文书执行错误，系因上一级人民法院复议改变原裁决所致的，由该上一级人民法院作为赔偿义务机关。

第十九条 公民、法人或者其他组织依据国家赔偿法第三十八条规定申请赔偿的，应当在民事、行政诉讼程序或者执行程序终结后提出，但下列情形除外：

（一）人民法院已依法撤销对妨害诉讼的强制措施的；

（二）人民法院采取对妨害诉讼的强制措施，造成公民身体伤害或者死亡的；

（三）经诉讼程序依法确认不属于被保全人或者被执行人的财产，且无法在相关诉讼程序或者执行程序中予以补救的；

（四）人民法院生效法律文书已确认相关行为违法，且无法在相关诉讼程序或者执行程序中予以补救的；

（五）赔偿请求人有证据证明其请求与民事、行政诉讼程序或者执行程序无关的；

（六）其他情形。

赔偿请求人依据前款规定，在民事、行政诉讼程序或者执行程序终结后申请赔偿的，该诉讼程序或者执行程序期间不计入赔偿请求时效。

第二十条　人民法院赔偿委员会审理民事、行政诉讼中的司法赔偿案件，有下列情形之一的，相应期间不计入审理期限：

（一）需要向赔偿义务机关、有关人民法院或者其他国家机关调取案卷或者其他材料的；

（二）人民法院赔偿委员会委托鉴定、评估的。

第二十一条　人民法院赔偿委员会审理民事、行政诉讼中的司法赔偿案件，应当对人民法院及其工作人员行使职权的行为是否符合法律规定，赔偿请求人主张的损害事实是否存在，以及该职权行为与损害事实之间是否存在因果关系等事项一并予以审查。

第二十二条　本解释自 2016 年 10 月 1 日起施行。本解释施行前最高人民法院发布的司法解释与本解释不一致的，以本解释为准。

最高人民法院、最高人民检察院关于办理
刑事赔偿案件适用法律若干问题的解释

法释〔2015〕24 号

(2015 年 12 月 14 日最高人民法院审判委员会第
1671 次会议、2015 年 12 月 21 日最高人民检察院第十二
届检察委员会第 46 次会议通过)

根据国家赔偿法以及有关法律的规定,结合刑事赔偿工作实
际,对办理刑事赔偿案件适用法律的若干问题解释如下:

第一条 赔偿请求人因行使侦查、检察、审判职权的机关以
及看守所、监狱管理机关及其工作人员行使职权的行为侵犯其人
身权、财产权而申请国家赔偿,具备国家赔偿法第十七条、第十
八条规定情形的,属于本解释规定的刑事赔偿范围。

第二条 解除、撤销拘留或者逮捕措施后虽尚未撤销案件、
作出不起诉决定或者判决宣告无罪,但是符合下列情形之一的,
属于国家赔偿法第十七条第一项、第二项规定的终止追究刑事
责任:

(一)办案机关决定对犯罪嫌疑人终止侦查的;

(二)解除、撤销取保候审、监视居住、拘留、逮捕措施后,
办案机关超过一年未移送起诉、作出不起诉决定或者撤销案件的;

(三)取保候审、监视居住法定期限届满后,办案机关超过一
年未移送起诉、作出不起诉决定或者撤销案件的;

（四）人民检察院撤回起诉超过三十日未作出不起诉决定的；

（五）人民法院决定按撤诉处理后超过三十日，人民检察院未作出不起诉决定的；

（六）人民法院准许刑事自诉案件自诉人撤诉的，或者人民法院决定对刑事自诉案件按撤诉处理的。

赔偿义务机关有证据证明尚未终止追究刑事责任，且经人民法院赔偿委员会审查属实的，应当决定驳回赔偿请求人的赔偿申请。

第三条 对财产采取查封、扣押、冻结、追缴等措施后，有下列情形之一，且办案机关未依法解除查封、扣押、冻结等措施或者返还财产的，属于国家赔偿法第十八条规定的侵犯财产权：

（一）赔偿请求人有证据证明财产与尚未终结的刑事案件无关，经审查属实的；

（二）终止侦查、撤销案件、不起诉、判决宣告无罪终止追究刑事责任的；

（三）采取取保候审、监视居住、拘留或者逮捕措施，在解除、撤销强制措施或者强制措施法定期限届满后超过一年未移送起诉、作出不起诉决定或者撤销案件的；

（四）未采取取保候审、监视居住、拘留或者逮捕措施，立案后超过两年未移送起诉、作出不起诉决定或者撤销案件的；

（五）人民检察院撤回起诉超过三十日未作出不起诉决定的；

（六）人民法院决定按撤诉处理后超过三十日，人民检察院未作出不起诉决定的；

（七）对生效裁决没有处理的财产或者对该财产违法进行其他处理的。

有前款第三项至六项规定情形之一，赔偿义务机关有证据证明尚未终止追究刑事责任，且经人民法院赔偿委员会审查属实的，应当决定驳回赔偿请求人的赔偿申请。

第四条 赔偿义务机关作出赔偿决定，应当依法告知赔偿请求人有权在三十日内向赔偿义务机关的上一级机关申请复议。赔偿义务机关未依法告知，赔偿请求人收到赔偿决定之日起两年内提出复议申请的，复议机关应当受理。

人民法院赔偿委员会处理赔偿申请，适用前款规定。

第五条 对公民采取刑事拘留措施后终止追究刑事责任，具有下列情形之一的，属于国家赔偿法第十七条第一项规定的违法刑事拘留：

（一）违反刑事诉讼法规定的条件采取拘留措施的；

（二）违反刑事诉讼法规定的程序采取拘留措施的；

（三）依照刑事诉讼法规定的条件和程序对公民采取拘留措施，但是拘留时间超过刑事诉讼法规定的时限。

违法刑事拘留的人身自由赔偿金自拘留之日起计算。

第六条 数罪并罚的案件经再审改判部分罪名不成立，监禁期限超出再审判决确定的刑期，公民对超期监禁申请国家赔偿的，应当决定予以赔偿。

第七条 根据国家赔偿法第十九条第二项、第三项的规定，依照刑法第十七条、第十八条规定不负刑事责任的人和依照刑事诉讼法第十五条、第一百七十三条第二款规定不追究刑事责任的人被羁押，国家不承担赔偿责任。但是，对起诉后经人民法院错判拘役、有期徒刑、无期徒刑并已执行的，人民法院应当对该判决确定后继续监禁期间侵犯公民人身自由权的情形予以赔偿。

第八条 赔偿义务机关主张依据国家赔偿法第十九条第一项、第五项规定的情形免除赔偿责任的，应当就该免责事由的成立承担举证责任。

第九条 受害的公民死亡，其继承人和其他有扶养关系的亲属有权申请国家赔偿。

依法享有继承权的同一顺序继承人有数人时，其中一人或者部分人作为赔偿请求人申请国家赔偿的，申请效力及于全体。

赔偿请求人为数人时，其中一人或者部分赔偿请求人非经全体同意，申请撤回或者放弃赔偿请求，效力不及于未明确表示撤回申请或者放弃赔偿请求的其他赔偿请求人。

第十条 看守所及其工作人员在行使职权时侵犯公民合法权益造成损害的，看守所的主管机关为赔偿义务机关。

第十一条 对公民采取拘留措施后又采取逮捕措施，国家承担赔偿责任的，作出逮捕决定的机关为赔偿义务机关。

第十二条 一审判决有罪，二审发回重审后具有下列情形之一的，属于国家赔偿法第二十一条第四款规定的重审无罪赔偿，作出一审有罪判决的人民法院为赔偿义务机关：

（一）原审人民法院改判无罪并已发生法律效力的；

（二）重审期间人民检察院作出不起诉决定的；

（三）人民检察院在重审期间撤回起诉超过三十日或者人民法院决定按撤诉处理超过三十日未作出不起诉决定的。

依照审判监督程序再审后作无罪处理的，作出原生效判决的人民法院为赔偿义务机关。

第十三条 医疗费赔偿根据医疗机构出具的医药费、治疗费、住院费等收款凭证，结合病历和诊断证明等相关证据确定。赔偿义务机关对治疗的必要性和合理性提出异议的，应当承担举证责任。

第十四条 护理费赔偿参照当地护工从事同等级别护理的劳务报酬标准计算，原则上按照一名护理人员的标准计算护理费；但医疗机构或者司法鉴定人有明确意见的，可以参照确定护理人数并赔偿相应的护理费。

护理期限应当计算至公民恢复生活自理能力时止。公民因残疾不能恢复生活自理能力的，可以根据其年龄、健康状况等因素确定合理的护理期限，一般不超过二十年。

第十五条 残疾生活辅助器具费赔偿按照普通适用器具的合理费用标准计算。伤情有特殊需要的，可以参照辅助器具配制机构的意见确定。

辅助器具的更换周期和赔偿期限参照配制机构的意见确定。

第十六条 误工减少收入的赔偿根据受害公民的误工时间和国家上年度职工日平均工资确定，最高为国家上年度职工年平均工资的五倍。

误工时间根据公民接受治疗的医疗机构出具的证明确定。公民因伤致残持续误工的，误工时间可以计算至作为赔偿依据的伤残等级鉴定确定前一日。

第十七条 造成公民身体伤残的赔偿，应当根据司法鉴定人的伤残等级鉴定确定公民丧失劳动能力的程度，并参照以下标准确定残疾赔偿金：

（一）按照国家规定的伤残等级确定公民为一级至四级伤残的，视为全部丧失劳动能力，残疾赔偿金幅度为国家上年度职工年平均工资的十倍至二十倍；

（二）按照国家规定的伤残等级确定公民为五级至十级伤残的，视为部分丧失劳动能力。五至六级的，残疾赔偿金幅度为国家上年度职工年平均工资的五倍至十倍；七至十级的，残疾赔偿金幅度为国家上年度职工年平均工资的五倍以下。

有扶养义务的公民部分丧失劳动能力的，残疾赔偿金可以根据伤残等级并参考被扶养人生活来源丧失的情况进行确定，最高不超过国家上年度职工年平均工资的二十倍。

第十八条 受害的公民全部丧失劳动能力的，对其扶养的无劳动能力人的生活费发放标准，参照作出赔偿决定时被扶养人住所地所属省级人民政府确定的最低生活保障标准执行。

能够确定扶养年限的，生活费可协商确定并一次性支付。不能确定扶养年限的，可按照二十年上限确定扶养年限并一次性支付生活费，被扶养人超过六十周岁的，年龄每增加一岁，扶养年限减少一年；被扶养人年龄超过确定扶养年限的，被扶养人可逐年领取生活费至死亡时止。

第十九条 侵犯公民、法人和其他组织的财产权造成损害的，应当依照国家赔偿法第三十六条的规定承担赔偿责任。

财产不能恢复原状或者灭失的，财产损失按照损失发生时的市场价格或者其他合理方式计算。

第二十条 返还执行的罚款或者罚金、追缴或者没收的金钱，解除冻结的汇款的，应当支付银行同期存款利息，利率参照赔偿义务机关作出赔偿决定时中国人民银行公布的人民币整存整取定期存款一年期基准利率确定，不计算复利。

复议机关或者人民法院赔偿委员会改变原赔偿决定，利率参照新作出决定时中国人民银行公布的人民币整存整取定期存款一年期基准利率确定。

计息期间自侵权行为发生时起算，至作出生效赔偿决定时止；但在生效赔偿决定作出前侵权行为停止的，计算至侵权行为停止时止。

被罚没、追缴的资金属于赔偿请求人在金融机构合法存款的，在存款合同存续期间，按照合同约定的利率计算利息。

第二十一条 国家赔偿法第三十三条、第三十四条规定的上年度，是指赔偿义务机关作出赔偿决定时的上一年度；复议机关或者人民法院赔偿委员会改变原赔偿决定，按照新作出决定时的上一年度国家职工平均工资标准计算人身自由赔偿金。

作出赔偿决定、复议决定时国家上一年度职工平均工资尚未公布的，以已经公布的最近年度职工平均工资为准。

第二十二条 下列赔偿决定、复议决定是发生法律效力的决定：

（一）超过国家赔偿法第二十四条规定的期限没有申请复议或者向上一级人民法院赔偿委员会申请国家赔偿的赔偿义务机关的决定；

（二）超过国家赔偿法第二十五条规定的期限没有向人民法院赔偿委员会申请国家赔偿的复议决定；

（三）人民法院赔偿委员会作出的赔偿决定。

发生法律效力的赔偿义务机关的决定和复议决定，与发生法律效力的赔偿委员会的赔偿决定具有同等法律效力，依法必须执行。

第二十三条 本解释自 2016 年 1 月 1 日起施行。本解释施行前最高人民法院、最高人民检察院发布的司法解释与本解释不一致的，以本解释为准。

关于加强国家赔偿法律援助工作的意见

最高人民法院　司法部关于印发
《关于加强国家赔偿法律援助工作的意见》的通知
司发通〔2014〕1号

各省、自治区、直辖市高级人民法院、司法厅（局），解放军军事法院、总政司法局，新疆维吾尔自治区高级人民法院生产建设兵团分院、新疆生产建设兵团司法局：

为进一步规范和促进人民法院办理国家赔偿案件的法律援助工作，最高人民法院、司法部制定了《关于加强国家赔偿法律援助工作的意见》。现印发你们，请遵照执行。

最高人民法院　司法部
2014年1月2日

为切实保障困难群众依法行使国家赔偿请求权，规范和促进人民法院办理国家赔偿案件的法律援助工作，结合法律援助工作实际，就加强国家赔偿法律援助相关工作提出如下意见：

一、提高对国家赔偿法律援助工作重要性的认识

依法为申请国家赔偿的困难群众提供法律援助服务是法律援助工作的重要职能。在人民法院办理的国家赔偿案件中，申请国家赔偿的公民多属弱势群体，身陷经济困难和法律知识缺乏双重

困境，亟需获得法律援助。加强国家赔偿法律援助工作，保障困难群众依法行使国家赔偿请求权，是新形势下适应人民群众日益增长的司法需求、加强法律援助服务保障和改善民生工作的重要方面，对于实现社会公平正义、促进社会和谐稳定具有重要意义。各级人民法院和司法行政机关要充分认识加强国家赔偿法律援助工作的重要性，牢固树立群众观点，认真践行群众路线，进一步创新和完善工作机制，不断提高国家赔偿法律援助工作的能力和水平，努力使困难群众在每一个国家赔偿案件中感受到公平正义。

二、确保符合条件的困难群众及时获得国家赔偿法律援助

人民法院和司法行政机关应当采取多种形式公布国家赔偿法律援助的条件、程序、赔偿请求人的权利义务等，让公众了解国家赔偿法律援助相关知识，引导经济困难的赔偿请求人申请法律援助。人民法院应当在立案时以书面方式告知申请国家赔偿的公民，如果经济困难可以向赔偿义务机关所在地的法律援助机构申请法律援助。法律援助机构要充分发挥基层法律援助工作站点在解答咨询、转交申请等方面的作用，畅通"12348"法律服务热线；有条件的地方可以在人民法院设立法律援助工作站，拓宽法律援助申请渠道，方便公民寻求国家赔偿法律援助。法律援助机构对公民提出的国家赔偿法律援助申请，要依法进行审查，在法定时限内尽可能缩短时间，提高工作效率；对无罪被羁押的公民申请国家赔偿，经人民法院确认其无经济来源的，可以认定赔偿请求人符合经济困难标准；对申请事项具有法定紧急或者特殊情况的，法律援助机构可以先行给予法律援助，事后补办有关手续。

三、加大国家赔偿法律援助工作保障力度

人民法院要为法律援助人员代理国家赔偿法律援助案件提供

便利，对于法律援助人员申请人民法院调查取证的，应当依法予以积极支持；对法律援助人员复制相关材料的费用，应当予以免收。人民法院办理国家赔偿案件，要充分听取法律援助人员的意见，并记录在案；人民法院办理国家赔偿案件作出的决定书、判决书和裁定书等法律文书应当载明法律援助机构名称、法律援助人员姓名以及所属单位情况等。司法行政机关要综合采取增强社会认可度、完善激励表彰机制、提高办案补贴标准等方法，调动法律援助人员办理国家赔偿法律援助案件积极性，根据需要与有关机关、单位进行协调，加大对案件办理工作支持力度。人民法院和法律援助机构要加强工作协调，就确定或更换法律援助人员、变更听取意见时间、终止法律援助等情况及时进行沟通，相互通报案件办理进展情况。人民法院和司法行政机关要建立联席会议制度，定期交流工作开展情况，确保相关工作衔接顺畅。

四、提升国家赔偿法律援助工作质量和效果

法律援助机构要完善案件指派工作，根据国家赔偿案件类型，综合法律援助人员专业特长、赔偿请求人特点和意愿等因素，合理确定承办机构及人员，有条件的地方推行点援制，有效保证办案质量；要引导法律援助人员认真做好会见、阅卷、调查取证、参加庭审或者质证等工作，根据法律法规和有关案情，从维护赔偿请求人利益出发提供符合标准的法律服务，促进解决其合法合理赔偿请求。承办法官和法律援助人员在办案过程中要注重做好解疑释惑工作，帮助赔偿请求人正确理解案件涉及的政策法规，促进赔偿请求人服判息诉。司法行政机关和法律援助机构要加强案件质量管理，根据国家赔偿案件特点完善办案质量监督管理机制，综合运用案件质量评估、案卷检查评比、回访赔偿请求人等方式开展质量监管，重点加强对重大疑难复杂案件办理的跟踪监督，促进提高办案质量。人民法院发现法律援助人员有违法行为或者损害赔偿请求人利益的，要及时向法律援助机构通报有关情况，督促法律援助人员依法依规办理案件。

五、创新国家赔偿法律援助效果延伸机制

人民法院和法律援助机构要建立纠纷调解工作机制，引导法律援助人员选择对赔偿请求人最有利的方式解决纠纷，对于案情简单、事实清楚、争议不大的案件，根据赔偿请求人意愿，尽量采用调解方式处理，努力实现案结事了。要建立矛盾多元化解机制，指导法律援助人员依法妥善处理和化解纠纷，努力解决赔偿请求人的合理诉求，做好无罪被羁押公民的安抚工作，并通过引进社会工作者加入法律援助工作、开通心理热线等方式，加强对赔偿请求人的人文关怀和心理疏导，努力实现法律效果与社会效果的统一。要建立宣传引导机制，加大宣传力度，充分利用报刊、电视、网络等媒体，广泛宣传国家赔偿法律援助工作，及时总结推广工作中涌现出的好经验好做法，为国家赔偿法律援助工作开展营造良好氛围，并对法律援助工作中涌现的先进典型和经验，通过多种形式进行宣传推广，进一步巩固工作成果。

最高人民法院关于进一步加强刑事
冤错案件国家赔偿工作的意见

法〔2015〕12号

为进一步提升刑事冤错案件国家赔偿工作质效，切实加强人权司法保护，促进国家机关及其工作人员依法行使职权，根据《中华人民共和国国家赔偿法》，结合工作实际，提出如下意见。

一、坚持依法赔偿。各级人民法院要认真贯彻落实党的十八大和十八届三中、四中全会精神，紧紧围绕习近平总书记提出的"努力让人民群众在每一个司法案件中都感受到公平正义"的目标，认真做好刑事冤错案件的国家赔偿工作。要坚持依法赔偿原则，恪守职权法定、范围法定、程序法定和标准法定的要求，依法、及时、妥善地处理刑事冤错案件引发的国家赔偿纠纷。坚持公开公正原则，严格依法办案，规范工作流程，加强司法公开，自觉接受监督。坚持司法为民原则，不断创新和完善工作机制，延伸国家赔偿工作职能。

二、做好刑事审判与国家赔偿的衔接。各级人民法院要建立健全刑事冤错案件宣告无罪与国家赔偿工作的内部衔接机制，做到关口前移、联合会商、提前应对。对于拟宣告无罪并可能引发国家赔偿的案件，刑事审判（含审判监督）部门要在宣判前及时通知本院国家赔偿办案机构，国家赔偿办案机构接到通知后要及时形成赔偿工作预案，必要时要共同做好整体工作方案。对再审改判宣告无罪并依法享有申请国家赔偿权利的当事人，人民法院要在宣判的同时依照刑事诉讼法司法解释的规定告知其在判决发生法律效力后有依法申请国家赔偿的权利。

三、加强对赔偿请求人的诉权保护和法律释明。各级人民法院要坚持以法治思维、法治方式审查处理刑事冤错案件引发的国家赔偿纠纷，切实依法保障赔偿请求人申请赔偿的权利。要依法做好立案工作，准确把握立案的法定条件，畅通求偿渠道，不得以实体审理标准代替立案审查标准。要认真贯彻执行《最高人民法院、司法部关于加强国家赔偿法律援助工作的意见》，切实为经济困难的赔偿请求人申请赔偿提供便利。要认真对待赔偿请求人提出的各项权利诉求，引导其依法、理性求偿，发现赔偿请求明显超出法律规定的范围或者依法应当赔偿而赔偿请求人没有主张的，人民法院要依法、及时予以释明。

四、提升执法办案的规范性和透明度。各级人民法院要严格执行国家赔偿法和相关司法解释的规定，确保程序合法公正。要不断创新和完善工作机制，加强审判管理，进一步提升立案、审理、决定、执行等各环节的规范化水平。要针对国家赔偿案件的特点，创新司法公开的形式，拓展司法公开的广度和深度，自觉接受人大、政协、检察机关和社会各界的监督。要加强直接、实时监督，对于重大、疑难、复杂案件决定组织听证或者质证的，可以邀请人大代表、政协委员、检察机关代表、律师代表、群众代表等参与旁听，也可以通过其他适当方式公开听证或者质证的过程，进一步提升刑事冤错案件国家赔偿工作的透明度。

五、严格依法开展协商和作出决定。各级人民法院要充分运用国家赔偿法规定的协商机制，与赔偿请求人就赔偿方式、赔偿项目和赔偿数额进行协商。经协商达成协议的，依法制作国家赔偿决定书确认协议内容；协商不成的，依法作出国家赔偿决定。针对具体赔偿项目，有明确赔偿标准的，严格执行法定赔偿标准；涉及精神损害赔偿的，按照《最高人民法院关于人民法院赔偿委员会审理国家赔偿案件适用精神损害赔偿若干问题的意见》办理。要注意加强文书说理，充分说明认定的案件事实和依据，准确援引法律和司法解释规定，确保说理全面、透彻、准确，语言通俗易懂，增强人民群众对国家赔偿决定的认同感。

六、加强国家赔偿决定执行工作。各级人民法院要积极协调、督促财政部门等做好生效国家赔偿决定的执行工作，共同维护生效法律文书的法律权威。赔偿请求人向作为赔偿义务机关的人民法院申请支付赔偿金的，被申请法院要依法审查并及时将审查结果通知赔偿请求人。人民法院受理赔偿请求人的支付申请后，要严格依照预算管理权限在七日内向财政部门提出支付申请。财政部门受理后超过法定期限未拨付赔偿金的，人民法院要积极协调催办并将进展情况及时反馈给赔偿请求人。赔偿请求人就决定执行、赔偿金支付等事宜进行咨询的，人民法院要及时予以回应。

七、积极推进善后安抚和追偿追责等工作。各级人民法院要在依法、及时、妥善处理刑事赔偿案件的同时，根据案件具体情况，沟通协调政府职能部门或者有关社会组织，促进法定赔偿与善后安抚、社会帮扶救助的衔接互补，推动形成刑事冤错案件国家赔偿纠纷的多元、实质化解机制。要深入研究和完善国家赔偿法规定的追偿追责制度，严格依法开展刑事冤错案件的追偿追责工作。积极回应人民群众关切，既要做好正面宣传引导工作，又要根据舆情进展情况，动态、及时、主动、客观地进行回应，为刑事冤错案件的国家赔偿工作营造良好的社会氛围。

八、加强对新情况新问题的调查研究。各级人民法院要不断总结刑事冤错案件国家赔偿工作经验，密切关注重大、疑难、敏感问题和典型案件。对工作中发现的新情况新问题，要认真梳理提炼，深入分析研究，尽早提出对策，必要时及时层报最高人民法院。

最高人民法院

2015 年 1 月 12 日

最高人民法院关于人民法院赔偿委员会
审理国家赔偿案件程序的规定

（2011 年 2 月 28 日最高人民法院审判委员会第 1513 次会议通过）

根据 2010 年 4 月 29 日修正的《中华人民共和国国家赔偿法》（以下简称国家赔偿法），结合国家赔偿工作实际，对人民法院赔偿委员会（以下简称赔偿委员会）审理国家赔偿案件的程序作如下规定：

第一条 赔偿请求人向赔偿委员会申请作出赔偿决定，应当递交赔偿申请书一式四份。赔偿请求人书写申请书确有困难的，可以口头申请。口头提出申请的，人民法院应当填写《申请赔偿登记表》，由赔偿请求人签名或者盖章。

第二条 赔偿请求人向赔偿委员会申请作出赔偿决定，应当提供以下法律文书和证明材料：

（一）赔偿义务机关作出的决定书；

（二）复议机关作出的复议决定书，但赔偿义务机关是人民法院的除外；

（三）赔偿义务机关或者复议机关逾期未作出决定的，应当提供赔偿义务机关对赔偿申请的收讫凭证等相关证明材料；

（四）行使侦查、检察、审判职权的机关在赔偿申请所涉案件的刑事诉讼程序、民事诉讼程序、行政诉讼程序、执行程序中作出的法律文书；

（五）赔偿义务机关职权行为侵犯赔偿请求人合法权益造成损害的证明材料；

（六）证明赔偿申请符合申请条件的其他材料。

第三条 赔偿委员会收到赔偿申请，经审查认为符合申请条件的，应当在七日内立案，并通知赔偿请求人、赔偿义务机关和复议机关；认为不符合申请条件的，应当在七日内决定不予受理；立案后发现不符合申请条件的，决定驳回申请。

前款规定的期限，自赔偿委员会收到赔偿申请之日起计算。申请材料不齐全的，赔偿委员会应当在五日内一次性告知赔偿请求人需要补正的全部内容，收到赔偿申请的时间应当自赔偿委员会收到补正材料之日起计算。

第四条 赔偿委员会应当在立案之日起五日内将赔偿申请书副本或者《申请赔偿登记表》副本送达赔偿义务机关和复议机关。

第五条 赔偿请求人可以委托一至二人作为代理人。律师、提出申请的公民的近亲属、有关的社会团体或者所在单位推荐的人、经赔偿委员会许可的其他公民，都可以被委托为代理人。

赔偿义务机关、复议机关可以委托本机关工作人员一至二人作为代理人。

第六条 赔偿请求人、赔偿义务机关、复议机关委托他人代理，应当向赔偿委员会提交由委托人签名或者盖章的授权委托书。

授权委托书应当载明委托事项和权限。代理人代为承认、放弃、变更赔偿请求，应当有委托人的特别授权。

第七条 赔偿委员会审理赔偿案件，应当指定一名审判员负责具体承办。

负责具体承办赔偿案件的审判员应当查清事实并写出审理报告，提请赔偿委员会讨论决定。

赔偿委员会作赔偿决定，必须有三名以上审判员参加，按照少数服从多数的原则作出决定。

第八条 审判人员有下列情形之一的，应当回避，赔偿请求人和赔偿义务机关有权以书面或者口头方式申请其回避：

（一）是本案赔偿请求人的近亲属；

（二）是本案代理人的近亲属；

（三）与本案有利害关系；

（四）与本案有其他关系，可能影响对案件公正审理的。

前款规定，适用于书记员、翻译人员、鉴定人、勘验人。

第九条 赔偿委员会审理赔偿案件，可以组织赔偿义务机关与赔偿请求人就赔偿方式、赔偿项目和赔偿数额依照国家赔偿法第四章的规定进行协商。

第十条 组织协商应当遵循自愿和合法的原则。赔偿请求人、赔偿义务机关一方或者双方不愿协商，或者协商不成的，赔偿委员会应当及时作出决定。

第十一条 赔偿请求人和赔偿义务机关经协商达成协议的，赔偿委员会审查确认后应当制作国家赔偿决定书。

第十二条 赔偿请求人、赔偿义务机关对自己提出的主张或者反驳对方主张所依据的事实有责任提供证据加以证明。有国家赔偿法第二十六条第二款规定情形的，应当由赔偿义务机关提供证据。

没有证据或者证据不足以证明其事实主张的，由负有举证责任的一方承担不利后果。

第十三条 赔偿义务机关对其职权行为的合法性负有举证责任。

赔偿请求人可以提供证明职权行为违法的证据，但不因此免除赔偿义务机关对其职权行为合法性的举证责任。

第十四条 有下列情形之一的，赔偿委员会可以组织赔偿请求人和赔偿义务机关进行质证：

（一）对侵权事实、损害后果及因果关系争议较大的；

（二）对是否属于国家赔偿法第十九条规定的国家不承担赔偿责任的情形争议较大的；

（三）对赔偿方式、赔偿项目或者赔偿数额争议较大的；

（四）赔偿委员会认为应当质证的其他情形。

第十五条 赔偿委员会认为重大、疑难的案件，应报请院长提交审判委员会讨论决定。审判委员会的决定，赔偿委员会应当执行。

第十六条 赔偿委员会作出决定前，赔偿请求人撤回赔偿申请的，赔偿委员会应当依法审查并作出是否准许的决定。

第十七条 有下列情形之一的，赔偿委员会应当决定中止审理：

（一）赔偿请求人死亡，需要等待其继承人和其他有扶养关系的亲属表明是否参加赔偿案件处理的；

（二）赔偿请求人丧失行为能力，尚未确定法定代理人的；

（三）作为赔偿请求人的法人或者其他组织终止，尚未确定权利义务承受人的；

（四）赔偿请求人因不可抗拒的事由，在法定审限内不能参加赔偿案件处理的；

（五）宣告无罪的案件，人民法院决定再审或者人民检察院按照审判监督程序提出抗诉的；

（六）应当中止审理的其他情形。

中止审理的原因消除后，赔偿委员会应当及时恢复审理，并通知赔偿请求人、赔偿义务机关和复议机关。

第十八条　有下列情形之一的，赔偿委员会应当决定终结审理：

（一）赔偿请求人死亡，没有继承人和其他有扶养关系的亲属或者赔偿请求人的继承人和其他有扶养关系的亲属放弃要求赔偿权利的；

（二）作为赔偿请求人的法人或者其他组织终止后，其权利义务承受人放弃要求赔偿权利的；

（三）赔偿请求人据以申请赔偿的撤销案件决定、不起诉决定或者无罪判决被撤销的；

（四）应当终结审理的其他情形。

第十九条　赔偿委员会审理赔偿案件应当按照下列情形，分别作出决定：

（一）赔偿义务机关的决定或者复议机关的复议决定认定事实清楚，适用法律正确的，依法予以维持；

（二）赔偿义务机关的决定、复议机关的复议决定认定事实清楚，但适用法律错误的，依法重新决定；

（三）赔偿义务机关的决定、复议机关的复议决定认定事实不清、证据不足的，查清事实后依法重新决定；

（四）赔偿义务机关、复议机关逾期未作决定的，查清事实后依法作出决定。

第二十条　赔偿委员会审理赔偿案件作出决定，应当制作国家赔偿决定书，加盖人民法院印章。

第二十一条　国家赔偿决定书应当载明以下事项：

（一）赔偿请求人的基本情况，赔偿义务机关、复议机关的名称及其法定代表人；

（二）赔偿请求人申请事项及理由，赔偿义务机关的决定、复议机关的复议决定情况；

（三）赔偿委员会认定的事实及依据；

（四）决定的理由及法律依据；

（五）决定内容。

第二十二条　赔偿委员会作出的决定应当分别送达赔偿请求人、赔偿义务机关和复议机关。

第二十三条　人民法院办理本院为赔偿义务机关的国家赔偿案件参照本规定。

第二十四条　自本规定公布之日起，《人民法院赔偿委员会审理赔偿案件程序的暂行规定》即行废止；本规定施行前本院发布的司法解释与本规定不一致的，以本规定为准。

最高人民法院关于人民法院赔偿委员会
适用质证程序审理国家赔偿案件的规定

中华人民共和国最高人民法院公告

法释〔2013〕27号

《最高人民法院关于人民法院赔偿委员会适用质证程
序审理国家赔偿案件的规定》已于 2013 年 12 月 16 日由
最高人民法院审判委员会第 1600 次会议通过，现予公
布，自 2014 年 3 月 1 日起施行。

最高人民法院
2013 年 12 月 19 日

为规范人民法院赔偿委员会（以下简称赔偿委员会）适用质
证程序审理国家赔偿案件，根据《中华人民共和国国家赔偿法》
等有关法律规定，结合国家赔偿工作实际，制定本规定。

第一条 赔偿委员会根据国家赔偿法第二十七条的规定，听
取赔偿请求人、赔偿义务机关的陈述和申辩，进行质证的，适用
本规定。

第二条 有下列情形之一，经书面审理不能解决的，赔偿委
员会可以组织赔偿请求人和赔偿义务机关进行质证：

（一）对侵权事实、损害后果及因果关系有争议的；

（二）对是否属于国家赔偿法第十九条规定的国家不承担赔偿

责任的情形有争议的；

（三）对赔偿方式、赔偿项目或者赔偿数额有争议的；

（四）赔偿委员会认为应当质证的其他情形。

第三条 除涉及国家秘密、个人隐私或者法律另有规定的以外，质证应当公开进行。

赔偿请求人或者赔偿义务机关申请不公开质证，对方同意的，赔偿委员会可以不公开质证。

第四条 赔偿请求人和赔偿义务机关在质证活动中的法律地位平等，有权委托代理人，提出回避申请，提供证据，申请查阅、复制本案质证材料，进行陈述、质询、申辩，并应当依法行使质证权利，遵守质证秩序。

第五条 赔偿请求人、赔偿义务机关对其主张的有利于自己的事实负举证责任，但法律、司法解释另有规定的除外。

没有证据或者证据不足以证明其事实主张的，由负有举证责任的一方承担不利后果。

第六条 下列事实需要证明的，由赔偿义务机关负举证责任：

（一）赔偿义务机关行为的合法性；

（二）赔偿义务机关无过错；

（三）因赔偿义务机关过错致使赔偿请求人不能证明的待证事实；

（四）赔偿义务机关行为与被羁押人在羁押期间死亡或者丧失行为能力不存在因果关系。

第七条 下列情形，由赔偿义务机关负举证责任：

（一）属于法定免责情形；

（二）赔偿请求超过法定时效；

（三）具有其他抗辩事由。

第八条 赔偿委员会认为必要时，可以通知复议机关参加质证，由复议机关对其作出复议决定的事实和法律依据进行说明。

第九条 赔偿请求人可以在举证期限内申请赔偿委员会调取下列证据：

（一）由国家有关部门保存，赔偿请求人及其委托代理人无权查阅调取的证据；

（二）涉及国家秘密、商业秘密、个人隐私的证据；

（三）赔偿请求人及其委托代理人因客观原因不能自行收集的其他证据。

赔偿请求人申请赔偿委员会调取证据，应当提供具体线索。

第十条 赔偿委员会有权要求赔偿请求人、赔偿义务机关提供或者补充证据。

涉及国家利益、社会公共利益或者他人合法权益的事实，或者涉及依职权追加质证参加人、中止审理、终结审理、回避等程序性事项的，赔偿委员会可以向有关单位和人员调查情况、收集证据。

第十一条 赔偿请求人、赔偿义务机关应当在收到受理案件通知书之日起十日内提供证据。赔偿请求人、赔偿义务机关确因客观事由不能在该期限内提供证据的，赔偿委员会可以根据其申请适当延长举证期限。

赔偿请求人、赔偿义务机关无正当理由逾期提供证据的，应当承担相应的不利后果。

第十二条 对于证据较多或者疑难复杂的案件，赔偿委员会可以组织赔偿请求人、赔偿义务机关在质证前交换证据，明确争议焦点，并将交换证据的情况记录在卷。

赔偿请求人、赔偿义务机关在证据交换过程中没有争议并记录在卷的证据，经审判员在质证中说明后，可以作为认定案件事实的依据。

第十三条 赔偿委员会应当指定审判员组织质证，并在质证三日前通知赔偿请求人、赔偿义务机关和其他质证参与人。必要时，赔偿委员会可以通知赔偿义务机关实施原职权行为的工作人员或者其他利害关系人到场接受询问。

赔偿委员会决定公开质证的，应当在质证三日前公告案由、赔偿请求人和赔偿义务机关的名称，以及质证的时间、地点。

第十四条 适用质证程序审理国家赔偿案件，未经质证的证据不得作为认定案件事实的依据，但法律、司法解释另有规定的除外。

第十五条 赔偿请求人、赔偿义务机关应围绕证据的关联性、真实性、合法性，针对证据有无证明力以及证明力大小，进行质证。

第十六条 质证开始前，由书记员查明质证参与人是否到场，宣布质证纪律。

质证开始时，由主持质证的审判员核对赔偿请求人、赔偿义务机关，宣布案由，宣布审判员、书记员名单，向赔偿请求人、赔偿义务机关告知质证权利义务以及询问是否申请回避。

第十七条 质证一般按照下列顺序进行：

（一）赔偿请求人、赔偿义务机关分别陈述，复议机关进行说明；

（二）审判员归纳争议焦点；

（三）赔偿请求人、赔偿义务机关分别出示证据，发表意见；

（四）询问参加质证的证人、鉴定人、勘验人；

（五）赔偿请求人、赔偿义务机关就争议的事项进行质询和辩论；

（六）审判员宣布赔偿请求人、赔偿义务机关认识一致的事实和证据；

（七）赔偿请求人、赔偿义务机关最后陈述意见。

第十八条 赔偿委员会根据赔偿请求人申请调取的证据，作为赔偿请求人提供的证据进行质证。

赔偿委员会依照职权调取的证据应当在质证时出示，并就调取该证据的情况予以说明，听取赔偿请求人、赔偿义务机关的意见。

第十九条 赔偿请求人或者赔偿义务机关对对方主张的不利于自己的事实，在质证中明确表示承认的，对方无需举证；既未表示承认也未否认，经审判员询问并释明法律后果后，其仍不作明确表示的，视为对该项事实的承认。

赔偿请求人、赔偿义务机关委托代理人参加质证的，代理人在代理权限范围内的承认视为被代理人的承认，但参加质证的赔偿请求人、赔偿义务机关当场明确表示反对的除外；代理人超出代理权限范围的承认，参加质证的赔偿请求人、赔偿义务机关当场不作否认表示的，视为被代理人的承认。

上述承认违反法律禁止性规定，或者损害国家利益、社会公共利益、他人合法权益的，不发生自认的效力。

第二十条 下列事实无需举证证明：

（一）自然规律以及定理、定律；

（二）众所周知的事实；

（三）根据法律规定推定的事实；

（四）已经依法证明的事实；

（五）根据日常生活经验法则推定的事实。

前款（二）、（三）、（四）、（五）项，赔偿请求人、赔偿义务机关有相反证据否定其真实性的除外。

第二十一条 有证据证明赔偿义务机关持有证据无正当理由拒不提供的，赔偿委员会可以就待证事实作出有利于赔偿请求人的推定。

第二十二条 赔偿委员会应当依据法律规定，遵照法定程序，全面客观地审核证据，运用逻辑推理和日常生活经验，对证据的证明力进行独立、综合的审查判断。

第二十三条 书记员应当将质证的全部活动记入笔录。质证笔录由赔偿请求人、赔偿义务机关和其他质证参与人核对无误或者补正后签名或者盖章。拒绝签名或者盖章的，应当记明情况附卷，由审判员和书记员签名。

具备条件的，赔偿委员会可以对质证活动进行全程同步录音录像。

第二十四条 赔偿请求人、赔偿义务机关经通知无正当理由拒不参加质证或者未经许可中途退出质证的，视为放弃质证，赔偿委员会可以综合全案情况和对方意见认定案件事实。

第二十五条 有下列情形之一的，可以延期质证：

（一）赔偿请求人、赔偿义务机关因不可抗拒的事由不能参加质证的；

（二）赔偿请求人、赔偿义务机关临时提出回避申请，是否回避的决定不能在短时间内作出的；

（三）需要通知新的证人到场，调取新的证据，重新鉴定、勘验，或者补充调查的；

（四）其他应当延期的情形。

第二十六条　本规定自 2014 年 3 月 1 日起施行。

本规定施行前本院发布的司法解释与本规定不一致的，以本规定为准。

国家赔偿典型案例

最高人民法院办公厅关于印发国家赔偿典型案例的通知

法办〔2012〕481号

各省、自治区、直辖市高级人民法院，解放军军事法院，
新疆维吾尔自治区高级人民法院生产建设兵团分院：

国家赔偿法施行以来，各级人民法院忠实履行宪法
和法律赋予的职责，公正高效审理各类国家赔偿案件，
切实维护了公民、法人和其他组织的合法权益，有力促
进了国家机关依法行使职权。为总结经验，充分发挥典
型案例的示范引导作用，我院首次在本院审结和各高级
人民法院推荐案件的基础上，选定了国家赔偿十个案例。
这些案例在诉权保护、举证责任倒置、法律适用规则、
正当法律程序、精神损害赔偿和确赔合一司法审查新模
式等方面具有一定的典型性和指导性，现予印发。望各
级人民法院充分认识做好国家赔偿工作对依法保障人权、
规范公权运行的重要意义，以学习贯彻党的十八大精神
为契机，依法公正审理国家赔偿案件，不断提升国家赔
偿工作水平，推动国家赔偿工作再上新台阶。

最高人民法院

2012 年 12 月 14 日

1. 朱红蔚申请广东省人民检察院无罪逮捕国家赔偿案〔最高人民法院赔偿委员会（2011）法委赔字第 4 号国家赔偿决定书〕

【案情摘要】2005 年 7 月 25 日，深圳市公安局以涉嫌合同诈骗罪将朱红蔚刑事拘留。同年 8 月 26 日，朱红蔚被取保候审。2006 年 5 月 26 日，广东省人民检察院批准逮捕朱红蔚。同年 6 月 1 日，朱红蔚被执行逮捕。嗣后，深圳市人民检察院提起公诉。2008 年 9 月 11 日，深圳市中级人民法院一审以指控依据不足为由判决朱红蔚无罪。9 月 19 日，朱红蔚被释放。后因检察机关提起抗诉案件进入二审。二审审理期间，广东省人民检察院向广东省高级人民法院撤回抗诉。2010 年 3 月 25 日，广东省高级人民法院裁定准许广东省人民检察院撤回抗诉。朱红蔚被羁押时间共计875 天。

2011 年 3 月 15 日，朱红蔚申请国家赔偿。赔偿义务机关广东省人民检察院于同年 7 月 19 日作出刑事赔偿决定：1. 按照 2010 年度全国职工日平均工资标准支付侵犯人身自由的赔偿金124254.09 元（142.33 元×873 天）；2. 口头赔礼道歉并依法在职能范围内为朱红蔚恢复生产提供方便；3. 对支付精神损害抚慰金的请求不予支持。朱红蔚不服，于 2011 年 8 月 2 日向最高人民检察院邮寄申请复议书，最高人民检察院逾期未作出复议决定。朱红蔚遂向最高人民法院赔偿委员会申请作出赔偿决定。

最高人民法院赔偿委员会审理认为：本案应适用修正的国家赔偿法；朱红蔚实际羁押时间为 875 天，广东省人民检察院计算为 873 天有误，应予纠正；人民法院赔偿委员会变更赔偿义务机关尚未生效的赔偿决定，应以作出本赔偿决定时的上年度即 2011 年度全国职工日平均工资 162.65 元为赔偿标准计算赔偿金；朱红蔚被羁押875天，正常的家庭生活和公司经营因此受到影响，应认定精神损害后果严重，鉴于广东省高级人民法院、广东省人民检察院、广东省公安厅已联合发布《关于在国家赔偿工作中适用精神损害抚慰金若干问题的座谈会纪要》，经做协调工作，广东省人民检察院表示可按照该纪要支付精神损害抚慰金，根据本案实际情况，对朱红蔚主张的精神损害抚慰金确定为50000元。最高人民法院赔偿委员会据此作出国家赔偿决定：1. 维持广东省人民检察院刑事赔偿决定第二项；2. 撤销广东省人民检察院刑事赔偿决定第一、三项；3. 广东省人民检察院向朱红蔚支付侵犯人身自由的赔偿金142318.75元；4. 广东省人民检察院向朱红蔚支付精神损害抚慰金50000元；5. 驳回朱红蔚的其他赔偿请求。

【典型意义】修正的国家赔偿法第三十五条明确了精神损害赔偿。对于精神损害抚慰金的数额，一般应根据侵害的手段、场合、行为方式等具体情节，结合侵权行为造成的影响、协商协调情况及当地平均生活水平等因素确定。本案是修正的国家赔偿法施行后，最高人民法院赔偿委员会审理的首例涉及精神损害抚慰金的国家赔偿案件。赔偿请求人以无罪逮捕为由申请赔偿，并提出精神损害赔偿请求。最高人民法院赔偿委员会经审理及做协调工作，最终确定由赔偿义务机关支付相应的精神损害抚慰金，并对原决定的其他问题予以纠正。

2. 卜新光申请安徽省公安厅刑事违法追缴国家赔偿案〔最高人民法院赔偿委员会（2011）法委赔字第1号国家赔偿决定书〕

【案情摘要】卜新光（深圳新晖实业发展有限责任公司总经理）因涉嫌伪造公司印章罪、非法出具金融票证罪和挪用资金罪被安徽省公安厅立案侦查，1999年9月5日被逮捕。合肥市人民检察院于 2000 年 10 月 16 日向合肥市中级人民法院提起公诉。2001 年 11 月 20 日，合肥市中级人民法院作出（2001）合刑初字第 68 号刑事判决，认定卜新光自 1995 年 1 月起承包经营安徽省信托投资公司深圳证券业务部（以下简称安信证券部）期间，未经安徽省信托投资公司（以下简称安信公司）授权，安排其聘用人员私自刻制、使用属于安信公司专有的公司印章，并用此假印章伪造文书，获得了安信证券部的营业资格，其行为构成伪造印章罪；违反金融管理法规，两次向他人开具虚假的资信证明，造成 1032 万元的重大经济损失，其行为构成非法出具金融票证罪；作为安信证券部总经理，利用职务之便，直接或间接将安信证券部资金 9173.2286 万元用于其个人所有的深圳新晖实业发展有限责任公司（以下简称新晖公司）投资及各项费用，与安信证券部经营业务没有关联，且造成的经济损失由安信证券部、安信公司承担法律责任，应视为卜新光挪用证券部资金归个人使用，其行为构成挪用资金罪。案发后，安徽省公安厅追回赃款、赃物 1689.05 万元，赃物、住房折合人民币 1627 万元；查封新晖公司投资的价值 2840 万元房产和位于深圳市龙岗区横岗镇六约深坑村价值 1950 万元的土地（以下简称"深坑村土地"）使用权，共计价值 8106.05 万元。判决对卜新光数罪并罚决定执行有期徒刑十五年，赃款、赃物共计 8106.05 万元予以追缴。卜新光不服，提出上诉。安徽省高级人民法院二审维持原判。刑事判决生效后，安徽省公安厅对"深坑村土地"予以解封并将追缴的土地使用权返还受害人安信证券部，用于抵偿卜新光以安信证券部名义拆借深圳发展银行 2500 万元的债务。2009 年 8 月 4 日卜新光刑满释放。

2010 年 12 月 1 日，卜新光以安徽省公安厅违法处置"深坑村土地"使用权给其造成经济损失为由，申请国家赔偿。2011 年 1 月 15 日，赔偿义务机关安徽省公安厅作出刑事赔偿决定，决定对卜新光提出的国家赔偿请求不予赔偿。卜新光不服，向公安部申请复议。2011 年 5 月 6 日，公安部作出刑事赔偿复议决定，维持安徽省公安厅刑事赔偿决定。卜新光对该复议决定不服，向最高人民法院赔偿委员会申请作出赔偿决定。

最高人民法院赔偿委员会审理认为：卜新光在承包经营安信证券部期间，未经安信公司授权，私刻安信公司印章并冒用，违反金融管理法规向他人开具虚假的资信证明，利用职务之便，挪用安信证券部资金 9173.2286 万元，已被合肥市中级人民法院（2001）合刑初字第 68 号刑事判决认定构成伪造印章罪、非法出具金融票证罪、挪用资金罪。刑事判决同时对卜新光以新晖公司名义投资的"深坑村土地"使用权（价值 1950 万元）等在内的价值 8106.05 万元的赃款、赃物判决予以追缴。卜新光以新晖公司出资购买的该土地部分使用权属其个人合法财产的理由不成立，人民法院生效刑事判决已将新晖公司投资的"深坑村土地"价值 1950 万元的使用权作为卜新光挪用资金罪的赃款、赃物的一部分予以追缴，卜新光无权对人民法院生效判决追缴的财产要求国家赔偿。卜新光主张安徽省公安厅违法返还土地给其造成 316.6 万元的损失没有法律依据。卜新光提出的其他赔偿请求没有事实根据，不符合国家赔偿法的规定。最高人民法院赔偿委员会据此作出国家赔偿决定，维持安徽省公安厅刑事赔偿决定和公安部刑事赔偿复议决定。

【典型意义】修正的国家赔偿法取消了赔偿请求人申请国家赔偿需经先行确认的规定。据此，赔偿请求人认为赔偿义务机关有该法第十七条、第十八条规定情形的，可直接申请赔偿，本案是修正的国家赔偿法施行后，最高人民法院赔偿委员适用确赔合一程序审理的首例刑事赔偿案件。赔偿请求人以公安机关在刑事追诉过程中违法追缴、处置其合法财产为由申请赔偿。最高人民法院赔偿委员会审理认为，本案公安机关将人民法院生效刑事判决追缴的赃款、赃物发还受害单位，程序合法，且未侵犯赔偿请求人的合法权益，不应承担国家赔偿责任，并据此维持了赔偿义务机关、复议机关的决定。

3. 国泰君安证券股份有限公司海口滨海大道（天福酒店）证券营业部申请海南省高级人民法院错误执行国家赔偿案〔最高人民法院赔偿委员会（2011）法委赔字第3号国家赔偿决定书〕

【案情摘要】1998年9月21日，海南省高级人民法院对原告国泰证券有限公司海口营业部〔赔偿请求人国泰君安证券股份有限公司海口滨海大道（天福酒店）证券营业部的前身，以下统称为国泰海口营业部〕诉被告海南国际租赁有限公司（以下简称海国租公司）证券回购纠纷一案作出（1998）琼经初字第8号民事判决，判决海国租公司向国泰海口营业部支付证券回购款本金人民币3620万元和该款截止到1997年11月30日的利息人民币16362296元；海国租公司向国泰海口营业部支付证券回购款本金3620万元的利息，计息方法为：从1997年12月1日起至付清之日止按年息18%计付。

1998年12月，国泰海口营业部申请海南省高级人民法院执行该判决。海南省高级人民法院受理后，向海国租公司发出执行通知书，嗣经查明该公司无财产可供执行。海国租公司提出其对第三人海南中标物业发展有限公司（以下简称中标公司）享有到期债权；中标公司对此亦予以认可，并表示愿意以景瑞大厦部分房产直接抵偿给国泰海口营业部，以清结其欠海国租公司的部分债务。海南省高级人民法院遂于 2000 年 6 月 13 日作出 9—10 号裁定，查封景瑞大厦的部分房产，并于当日予以公告。2000 年 6 月 29 日，国泰海口营业部、海国租公司和中标公司共同签订《执行和解书》，约定海国租公司、中标公司以中标公司所有的景瑞大厦部分房产抵偿国泰海口营业部的债务。据此，海南省高级人民法院于 2000 年 6 月 30 日作出 9—11 号裁定，对和解协议予以认可。

在办理过户手续过程中，案外人海南发展银行清算组（以下简称海发行清算组）和海南创仁房地产有限公司（以下简称创仁公司）以海南省高级人民法院 9—11 号裁定抵债的房产属其所有，该裁定损害其合法权益为由提出执行异议。海南省人民检察院也向海南省高级人民法院发出检察意见书。经审查，海南省高级人民法院分别作出 9—12 号、9—13 号裁定，驳回异议。2002 年 3 月 14 日，国泰海口营业部依照 9—11 号裁定将上述抵债房产的产权办理变更登记至自己名下，并缴纳相关税费。海发行清算组、创仁公司不服，继续申诉。

海南省高级人民法院经再次审查认为：9—11 号裁定将原金通城市信用社（后并入海南发展银行）向中标公司购买并已支付大部分价款的房产当作中标公司房产抵债给国泰海口营业部，损害了海发行清算组的利益，确属不当，海发行清算组的异议理由成立，创仁公司异议主张应通过诉讼程序解决。据此海南省高级人民法院于 2003 年 7 月 31 日作出 9—16 号裁定，裁定撤销 9—11 号、9—12 号、9—13 号裁定，将原裁定抵债房产回转过户至执行前状态。

2004年12月18日，海口市中级人民法院对以海发行清算组为原告，中标公司为被告，创仁公司为第三人的房屋确权纠纷一案作出（2003）海中法民再字第37号民事判决，确认原抵债房产分属创仁公司和海发行清算组所有。该判决发生法律效力。2005年6月，国泰海口营业部向海口市地方税务局申请退税，海口市地方税务局将契税退还国泰海口营业部。2006年8月4日，海南省高级人民法院作出9—18号民事裁定，以海国租公司已被裁定破产还债，海国租公司清算组请求终结执行的理由成立为由，裁定终结（1998）琼经初字第8号民事判决的执行。

（1998）琼经初字第8号民事判决所涉债权，至2004年7月经协议转让给国泰君安投资管理股份有限公司（以下简称国泰投资公司）。2005年11月29日，海国租公司向海口市中级人民法院申请破产清算。破产案件审理中，国泰投资公司向海国租公司管理人申报了包含（1998）琼经初字第8号民事判决确定债权在内的相关债权。2009年3月31日，海口市中级人民法院作出（2005）海中法破字第4—350号民事裁定，裁定终结破产清算程序。国泰投资公司债权未获得清偿。

2010年12月27日，国泰海口营业部以海南省高级人民法院9—16号裁定及执行回转行为违法，并应予返还9—11号裁定抵债房产或赔偿相关损失为由向该院申请国家赔偿。2011年7月4日，海南省高级人民法院作出（2011）琼法赔字第1号赔偿决定，决定对国泰海口营业部的赔偿申请不予赔偿。国泰海口营业部对该决定不服，向最高人民法院赔偿委员会申请作出赔偿决定。

最高人民法院赔偿委员会审理认为：被执行人海国租公司没有清偿债务能力，因其对第三人中标公司享有到期债权，中标公司对此未提出异议并认可履行债务，中标公司隐瞒其与案外人已签订售房合同并收取大部分房款的事实，与国泰海口营业部及海国租公司三方达成《执行和解书》，因侵犯案外人合法权益而存在重大瑕疵。海南省高级人民法院据此作出的 9—11 号裁定，以及国泰海口营业部据此取得的争议房产产权不应受到法律保护。海南省高级人民法院 9—16 号裁定系在执行程序中对案外人提出的执行异议审查成立的基础上，对原 9—11 号裁定予以撤销，将不属于法律文书指定交付特定物的争议房产回复至执行前状态。该裁定及执行回转行为不违反法律及相关司法解释规定，且经生效的海口市中级人民法院（2003）海中法民再字第 37 号民事判决所认定的内容予以印证，其实体处理并无不当。国泰海口营业部债权未能实现的实质在于海国租公司没有清偿债务的能力，国泰海口营业部及其债权受让人虽经破产债权申报，仍无法获得清偿，该债权未能实现与海南省高级人民法院 9—16 号裁定及执行回转行为之间无法律上的因果联系。因此，海南省高级人民法院 9—16 号裁定及执行回转行为，不属于国家赔偿法及其司法解释规定的违法侵权情形。最高人民法院赔偿委员会据此作出国家赔偿决定，维持海南高院（2011）琼法赔字第 1 号赔偿决定。

【典型意义】本案是修正的国家赔偿法施行后，最高人民法院赔偿委员会适用确赔合一程序审理的首例非刑事司法赔偿案件。最高人民法院赔偿委员会审理认为，人民法院在执行程序中，在审查发现原执行行为所依据的当事人执行和解协议因侵犯案外人合法权益而存在重大瑕疵，案外人提出的执行异议成立的基础上，对原执行行为以裁定形式予以撤销，将不属于法律文书指定交付特定物的争议房产，回复至执行之前状态。该裁定及执行回转行为，不属于国家赔偿法第三十八条以及相关司法解释规定的违法侵权情形，不应承担国家赔偿责任，并据此维持了赔偿义务机关的决定。

4. 程显民、程宇、曹世艳、杨桂兰申请辽宁省丹东市公安局刑讯逼供致死国家赔偿案〔辽宁省高级人民法院赔偿委员会(2010)辽法委赔字第6号国家赔偿决定书〕

【案情摘要】2001年8月下旬，丹东市公安局成立"721"专案组，侦查程绍武涉嫌黑社会性质组织犯罪一案，程绍贵被列为该涉嫌黑社会性质组织成员之一接受审讯，2001年9月11日程绍贵在审讯中死亡。2001年9月27日，辽宁省检察院、法院、公安厅法医联合对程绍贵的死因进行鉴定，结论为：程绍贵系在患有脂肪心、肺结核、胸膜粘连等疾病基础上，因带械具长时间处于异常体位而使呼吸、循环功能发生障碍，最终导致肺功能衰竭而死亡。2003年12月11日，抚顺市望花区人民法院作出（2003）望刑初字第269号刑事判决，认定丹东市公安局原案审处处长卢兆忠为获取口供，指使办案人员将程绍贵戴口罩、头套、双臂平行拷在铁笼子两侧的栏杆上长达18小时，其行为构成刑讯逼供罪。该判决后经抚顺市中级人民法院二审维持。

2005年8月3日，程绍贵父亲程远洪向丹东市公安局提出国家赔偿申请，丹东市公安局于2005年8月30日作出不予确认决定书。程远洪不服，于2005年9月19日向辽宁省公安厅申请复议，辽宁省公安厅逾期未予答复。2006年4月5日，程远洪向辽宁省高级人民法院赔偿委员会申请作出赔偿决定。案件审理中，丹东市公安局提出，复议机关逾期未作决定，赔偿请求人应在期限届满之日起三十日内向同级人民法院赔偿委员会申请作出赔偿决定，本案赔偿请求人的申请已经超过法定申请期限，人民法院赔偿委员会不应受理。

辽宁省高级人民法院赔偿委员会审理认为，国家赔偿法①（注：①本案作出决定时间为修正的国家赔偿法施行以前，故其所称国家赔偿法为1994年《中华人民共和国国家赔偿法》）第二十二条第二款的规定，是体现方便当事人和有利于及时赔偿的原则，而非对当事人权利的限制。复议机关受理案件后，逾期不作出决定，也未告知赔偿请求人诉权，即复议机关逾期不作决定的，赔偿请求人可以向复议机关所在地的同级人民法院赔偿委员会申请作出赔偿决定，由此造成赔偿请求人逾期申请赔偿，其过错在于复议机关，不能因为复议机关的过错剥夺赔偿请求人的诉权。因此，人民法院赔偿委员会应当受理赔偿申请。本案中，有人民法院生效判决认定丹东市公安局干警卢兆忠刑讯逼供罪名成立，并处以刑罚，故丹东市公安局应承担国家赔偿责任。在案件审理中，经该院主持协调，赔偿义务机关与赔偿请求人自愿达成协议。辽宁省高级人民法院赔偿委员会据此作出决定，由丹东市公安局向赔偿请求人支付赔偿金40万元。

【典型意义】国家赔偿法设置国家赔偿复议程序，是为了更好地实现对赔偿请求人的权利救济。辽宁省高级人民法院赔偿委员会审理认为，复议机关受理案件后，逾期不作决定，亦未告知赔偿请求人有向复议机关所在地的同级人民法院赔偿委员会申请作出赔偿决定的权利，以致赔偿请求人逾期申请赔偿。因复议机关怠于行使法定职责，故不能因其过错而剥夺赔偿请求人的请求权。该院赔偿委员会在保护赔偿请求人享有请求权利的基础上，组织赔偿义务机关与赔偿请求人达成协议，支付相应赔偿金，体现了充分救济权利的精神。

5. 许秀琴申请吉林省长春市公安局刑事违法扣押国家赔偿案〔吉林省高级人民法院赔偿委员会（2006）吉高法委赔字第 1 号国家赔偿决定书〕

【案情摘要】2003 年 6 月 26 日，长春市公安局对长春市工商局移送的许秀琴等人违法经营案件予以立案，并于同年 7 月 4 日、21 日先后将许秀琴投资经营的铁艺制品厂设备、产品、圆钢、方钢等予以扣押，但相关文书对于被扣押财产情况记载不明。2003 年 8 月 17 日，长春市公安局向许秀琴返还钢材 61.7 吨。2005 年 2 月 4 日，长春市公安局决定撤销该违法经营刑事案件。许秀琴随即提出国家赔偿申请。

2005 年 8 月 19 日，长春市公安局作出刑事赔偿决定书，决定赔偿许秀琴因扣押丢失的 90.6 吨钢材 25.821 万元，设备损失 50 万元，劳务费损失按 3 个月计算赔偿 6 万元，合计 81.821 万元。吉林省公安厅复议维持该赔偿决定。许秀琴不服，向吉林省高级人民法院赔偿委员会申请作出赔偿决定。在审理过程中，吉林省高级人民法院赔偿委员组织双方质证，并参考吉林省价格认证中心出具的鉴定结论等相关证据，认定长春市公安局的违法扣押行为导致铁艺制品厂支付了劳务费 26 万元，相关设备损失 127.265 万元，并造成角钢和其他钢材灭失。由于缺少角钢和其他钢材数量、质量和价格的原始证据，损害事实无法认定。在吉林省高级人民法院赔偿委员会主持下，长春市公安局与许秀琴经协商达成了角钢损失 126 万元、其他钢材损失 25.821 万元的协议。吉林省高级人民法院赔偿委员会据此作出决定，由长春市公安局赔偿许秀琴前述各项损失共计 305.086 万元。

【典型意义】修正前的国家赔偿法没有关于协商和质证的规定。司法实践中，人民法院赔偿委员通过协商和质证方式处理了大量赔偿争议，收到了良好的效果。修正的国家赔偿法肯定吸收了上述成功经验，规定赔偿请求人和赔偿义务机关就赔偿方式、赔偿项目和赔偿数额依法进行协商，人民法院赔偿委员会可以组织双方进行质证。协商和质证体现了国家赔偿程序的公开性、参与性和公正性，有利于查明事实，确定责任，消除对立，化解矛盾。本案在损害事实难以查清、认定的情况下，吉林省高级人民法院赔偿委员会通过积极组织双方质证和协商，最终促成双方达成一致，纠纷得以实质解决。

6. 马云平申请陕西省蒲城县人民检察院无罪逮捕国家赔偿案〔陕西省高级人民法院赔偿委员会（2010）陕赔他字第00005号国家赔偿决定书〕

【案情摘要】马云平于2003年9月8日因涉嫌强奸罪、抢劫罪被蒲城县公安局拘留。同年10月13日，蒲城县人民检察院批准对其逮捕，11月10日，案件移送蒲城县人民检察院审查起诉。因犯罪嫌疑人翻供，蒲城县人民检察院先后两次退回公安局补充侦查。2004年10月12日，蒲城县人民检察院以证据不足，不符合起诉条件为由，对马云平作出不起诉决定，10月14日马云平被释放。

随后，马云平申请国家赔偿。2005年12月15日，蒲城县人民检察院以赔偿请求人"故意作虚伪供述"为由决定不予赔偿。2006年5月17日，渭南市人民检察院以同样理由复议维持了蒲城县人民检察院的赔偿决定。马云平向渭南市中级人民法院赔偿委员会提出赔偿申请。2006年10月24日，渭南市中级人民法院赔偿委员会维持了渭南市人民检察院的复议决定。马云平仍不服，向陕西省高级人民法院赔偿委员会提出申诉。

陕西省高级人民法院赔偿委员会审理认为：本案焦点是赔偿请求人是否"故意作虚伪供述"。公民自己故意作虚伪供述应是指，为欺骗、误导司法机关，或者有意替他人承担刑事责任而主动作与事实不符的供述。本案并无证据证明赔偿请求人具有以上情形，亦不能证明赔偿请求人希望自己被逮捕或定罪量刑，其不具有"故意"的目的和动机，因此不能认定其故意作虚伪供述。陕西省高级人民法院赔偿委员会据此作出决定，由蒲城县人民检察院赔偿马云平被侵犯人身自由赔偿金 50422.86 元。

【典型意义】国家赔偿法第十九条第（一）项规定，因公民自己故意作虚伪供述被羁押或者被判处刑罚的，国家不承担赔偿责任。本案赔偿请求人曾在侦查阶段做过有罪供述，争议焦点是其有罪供述是否属于第十九条规定的故意作虚伪供述。陕西省高级人民法院赔偿委员会审理认为，"公民自己故意作虚伪供述"是指，为欺骗、误导司法机关，或者有意替他人承担刑事责任而主动作与事实不符的供述。赔偿义务机关应提供证据证明赔偿请求人具有前述情形，属于故意作虚伪供述，并足以使检察机关认定其达到被逮捕的法定条件。本案不属于公民自己故意作虚伪供述的情况，因此决定由赔偿义务机关承担相应的赔偿责任。

7. 叶寿美申请江苏省南通监狱虐待致伤国家赔偿案〔江苏省高级人民法院赔偿委员会（2011）苏法委赔字第 0002 号国家赔偿决定书〕

【案情摘要】1994 年 12 月 23 日，叶寿美因犯诈骗罪被宝应县人民法院判处有期徒刑十一年，剥夺政治权利三年。1995 年 1 月

20日，被保外就医。1996年9月18日，叶寿美在保外就医期间因犯奸淫幼女罪，被宝应县人民法院数罪并罚判处有期徒刑十五年，剥夺政治权利四年。在交付执行中，叶寿美以患有"舌根部恶性淋巴肿瘤"为由，申请保外就医。1996年11月12日，宝应县公安局决定对其保外就医一年；2000年5月10日，叶寿美获准继续保外就医一年。2001年12月21日，宝应县人民法院以叶寿美病情好转为由将其送监执行。2002年2月至4月，江苏省南通监狱将叶寿美安排在监狱医院服刑。期间，叶寿美以患有"舌根部恶性淋巴肿瘤"为由，向南通监狱申请保外就医。后经南通大学附属医院（以下简称附属医院）检查，未见叶寿美患有舌根部恶性淋巴肿瘤的病灶和手术切除切口。2004年9月16日，叶寿美因左眼视物模糊要求医治，根据当时监狱医院病历记载，叶寿美主诉病症为左眼视物模糊呈雾状已10年余，经监狱医院检查，诊断为玻璃体云雾状浑浊，建议随诊。2005年6月至2006年6月期间，监狱医院针对叶寿美的眼病，先后采取监狱医院检查、外请附属医院眼科专家会诊、检查及至附属医院进行检查、手术等形式进行诊断、治疗。2006年6月8日，叶寿美经附属医院作三面镜检查，诊断为左眼视网膜脱离、右眼视网膜色素变性；同年6月21日，叶寿美在附属医院眼科实施左眼巩膜外冷凝+硅胶加压+环孔手术。2006年8月、2007年1月经附属医院两次复查，手术部位环扎脊清晰，未见新鲜裂孔。2006年6月至2008年10月间，监狱医院针对叶寿美给予对症药治疗。2009年11月22日，叶寿美刑满出狱。2009年12月19日，经江苏省宝应县残联指定医院进行鉴定，结论为叶寿美双眼视力残疾等级为一级。

2010年7月15日，叶寿美以在南通监狱服刑期间受到监狱医院虐待致双眼残疾为由，申请国家赔偿，提出2002年3月28日被监狱医院注射8支度冷丁药水，面部被多次电击，此后服刑期间视力下降直至双眼残疾。南通监狱于2010年9月14日作出不予赔偿决定书。2010年11月26日，江苏省司法厅复议予以维持。叶寿美不服复议决定，向江苏省高级人民法院赔偿委员会申请作出赔偿决定。在江苏省高级人民法院赔偿委员会审理期间，南通监狱提供了相关证据材料。

江苏省高级人民法院赔偿委员会审理认为，度冷丁系国家特殊管理的麻醉药品，南通监狱医院对麻醉药品实行采购、使用、空瓶回收和专册登记簿的管理制度。2002年3月期间，监狱医院具有麻醉药品处方权的主任医师对其他2名重病犯人的治疗仅开出3支度冷丁麻醉药品处方，并登记在册。南通监狱对使用电警棍亦有严格的适用情形和审批程序，2001年以来，监狱医院不再配置警棍，也没有使用警棍的记录。叶寿美称被电击，但面部未留有痕迹，又无其他证据印证。其服刑前已患有眼部疾病，视力为700多度，左眼视物模糊症状已10年余。服刑期间，南通监狱考虑到赔偿请求人叶寿美患有眼部疾病，将其安排在监狱医院服刑，叶寿美的眼部疾病得到监狱医院的及时医治，并外请附属医院眼科专家会诊，同时对其实施左眼视网复位手术治疗。对此，有南通监狱提供的2003年8月至2008年10月间的病历予以印证。南通监狱提供的以上证据可以采信，赔偿请求人叶寿美提出的相关主张理据不足，不予采纳。江苏省高级人民法院赔偿委员会据此作出决定，维持江苏省司法厅的复议决定。

【典型意义】修正的国家赔偿法规定，被羁押人在羁押期间死亡或者丧失行为能力的，赔偿义务机关的行为与被羁押人的死亡或者丧失行为能力是否存在因果关系，赔偿义务机关应当提供证据。本案即属于适用举证责任倒置的情况。江苏省高级人民法院赔偿委员会审理认为，监狱作为刑罚执行机关，对罪犯依法进行监管的同时也负有保障其人格尊严、人身安全等职责，根据国家赔偿法规定精神，监狱对其行为与被羁押人一级视力残疾之间是否存在因果关系负有举证责任。本案最终通过审查南通监狱对此事实的举证责任完成情况，认定赔偿请求人双眼残疾与监狱行为无关。

8. 张留军申请河南省平顶山市中级人民法院重审无罪国家赔偿案〔河南省高级人民法院赔偿委员会（2011）豫法委赔字第6号国家赔偿决定书〕

【案情摘要】2005年1月30日，平顶山市公安局石龙区分局以涉嫌故意杀人罪对张留军监视居住。2005年2月4日，该局对张留军刑事拘留，并于同日作出延长拘留期限通知书，对其延长拘留至2005年3月6日。2005年3月3日，该局提请批捕。2005年3月10日，石龙区人民检察院以事实不清、证据不足为由，对张留军不予批捕。次日，石龙区分局作出释放通知书，对张留军采取监视居住措施。2005年5月30日，石龙区分局再次以张留军涉嫌抢劫罪为由提请批捕。2005年6月3日，石龙区人民检察院批准逮捕。石龙区分局于6月4日执行逮捕。2006年3月28日，平顶山市中级人民法院作出一审刑事附带民事判决，以抢劫罪判处张留军死刑，缓期二年执行，剥夺政治权利终身；判令张留军与另一被告人共同赔偿附带民事诉讼原告人经济损失79764.75元。张留军不服，提出上诉。河南省高级人民法院经审理以事实不清、证据不足为由，发回平顶山市中级人民法院重新审理。平顶山市中级人民法院经重审判决张留军无罪，不承担民事赔偿责任。2010年9月25日，张留军被释放。2010年12月14日，张留军提出国家赔偿申请。2011年1月25日，平顶山市中级人民法院作出赔偿决定，认为对张留军的国家赔偿申请应适用1994年《国家赔偿法》，决定赔偿张留军被限制人身自由赔偿金259012.95元。张留军不服，向河南省高级人民法院赔偿委员会申请作出赔偿决定。

河南省高级人民法院赔偿委员会审理认为：张留军于2010年9月25日被无罪释放，并于修正的国家赔偿法施行后申请国家赔偿，根据《最高人民法院关于适用〈中华人民共和国国家赔偿法〉若干问题的解释（一）》（以下简称《解释（一）》）第二条第（二）项之规定，本案应适用修正的国家赔偿法；平顶山市中级人民法院决定将张留军被监视居住期间计算在赔偿范围之内，且依照2009年度全国职工日平均工资标准计算赔偿金有误，应予纠正；张留军无罪被错判并长期羁押，妻子离家出走，孩子无法照管，使其遭受严重精神损害，其关于支付精神损害抚慰金的请求应予支持。河南省高级人民法院赔偿委员会据此作出决定，撤销原赔偿决定，平顶山市中级人民法院支付张留军人身自由赔偿金281244.08元、精神损害抚慰金50000元。

【典型意义】修正的国家赔偿法加大了对赔偿请求人的权利保护力度。为更好地实现国家赔偿权利救济的核心理念，《解释（一）》在遵循溯及力一般原理的基础上对部分情形采取有利法律溯及原则，规定国家机关及其工作人员行使职权侵犯公民、法人和其他组织合法权益的行为发生在2010年12月1日以前的，适用修正前的国家赔偿法，但是赔偿请求人在2010年12月1日以后提出赔偿请求的，适用修正的国家赔偿法。河南省高级人民法院赔偿委员会审理认为，根据修正的国家赔偿法及《解释（一）》的规定，本案应适用修正的国家赔偿法，据此更正了原赔偿决定，并支持了赔偿请求人精神损害抚慰金的请求。

9. 熊仲祥申请四川省乐山市中级人民法院重审无罪国家赔偿案〔四川省乐山市中级人民法院（2011）乐法赔字第 2 号国家赔偿决定书〕

【案情摘要】熊仲祥因涉嫌故意杀人罪、强奸罪于 2002 年 10 月 18 日被乐山市公安局金口河区分局刑事拘留，同月 31 日被逮捕。2002 年 12 月 25 日，乐山市人民检察院提起公诉。2003 年 3 月 7 日，乐山市中级人民法院一审判决熊仲祥死刑，剥夺政治权利终身，并赔偿附带民事诉讼原告人经济损失 51394 元。熊仲祥不服，提出上诉。2005 年 4 月 25 日，四川省高级人民法院二审裁定发回重审。乐山市中级人民法院于 2005 年 10 月 11 日作出刑事附带民事判决，判处熊仲祥死刑，缓期二年执行，剥夺政治权利终身，并赔偿附带民事诉讼原告人经济损失 51394 元。宣判后，熊仲祥仍不服，再次提出上诉。同时，乐山市人民检察院提出抗诉。在二审审理期间，四川省人民检察院撤回抗诉，四川省高级人民法院裁定准许其撤回抗诉，并于 2008 年 7 月 17 日以"原判事实不清，证据不足"为由裁定发回乐山市中级人民法院重审。在重审过程中，乐山市人民检察院以"事实、证据有变化"为由撤回起诉。2008 年 11 月 28 日，乐山市中级人民法院作出刑事裁定，认为公诉机关指控熊仲祥犯故意杀人罪、强奸罪的事实不清、证据不足，准许公诉机关撤回起诉。之后，乐山市人民检察院将刑事案件退回公安机关补充侦查。熊仲祥于 2008 年 12 月 4 日收到乐山市中级人民法院准予公诉机关撤回起诉的刑事裁定。同日，公安机关以"不能在法定期限内办结、需继续查证"为由将熊仲祥释放，同时对其采取监视居住措施，后于2009年6月2日解除监视居住措施。

熊仲祥向乐山市中级人民法院申请国家赔偿。期间公安机关出具说明，称该案还在进一步侦查过程中。2011年3月22日，乐山市中级人民法院以刑事案件尚在侦查之中，没有终止追究刑事责任为由，驳回熊仲祥的赔偿申请。熊仲祥不服，向四川省高级人民法院赔偿委员会申请作出赔偿决定。四川省高级人民法院赔偿委员会在审理过程中就该案刑事诉讼程序是否终结问题向最高人民法院赔偿委员会请示。最高人民法院赔偿委员会答复，本案可进入国家赔偿程序。2011年12月28日，熊仲祥与乐山市中级人民法院就赔偿事宜达成协议。同日，熊仲祥向四川省高级人民法院赔偿委员会撤回赔偿申请。乐山市中级人民法院根据该协议作出赔偿决定，由该院支付熊仲祥赔偿金30万元。

【典型意义】《解释（一）》规定，赔偿请求人认为赔偿义务机关有修正的国家赔偿法第十七条第（一）、（二）、（三）项、第十八条规定情形的，一般应当在刑事诉讼程序终结后申请赔偿。本案人民检察院将案件退回公安机关补充侦查后，公安机关未在法定期限内侦查完毕移送起诉，也未作出撤销案件决定；人民检察院亦未对该案重新起诉或者作出不起诉决定。赔偿请求人监视居住期限届满后，有关部门也未采取其他强制措施。根据刑事诉讼法及相关司法解释的规定，结合本案的实际情况，乐山市中级人民法院准许乐山市人民检察院撤回起诉的裁定，可视为刑事诉讼程序已终结，可进入国家赔偿程序。本案情形的法律适用有利于充分保护当事人的国家赔偿请求权。

10. 李灵申请山东省嘉祥县人民法院重审无罪国家赔偿案〔山东省济宁市中级人民法院赔偿委员会（2011）济法委赔字第1号赔偿决定书〕

【案情摘要】李灵于2001年2月16日被嘉祥县人民检察院以涉嫌贪污罪刑事拘留，2001年3月2日被逮捕。同年5月2日，嘉祥县人民检察院提起公诉。嘉祥县人民法院经审理，认为犯罪事实不清，证据不足，建议嘉祥县人民检察院撤回起诉。2002年7月26日嘉祥县人民检察院作出取保候审决定，并于同日将李灵释放。2003年2月25日，嘉祥县人民检察院以李灵犯贪污罪再次向嘉祥县人民法院提起公诉，嘉祥县人民法院审理后再次建议嘉祥县人民检察院撤回起诉。嘉祥县人民检察院于2005年5月16日作出不起诉决定书。2005年9月22日，李灵书面请求嘉祥县人民检察院退回被违法扣押的50000元现金，后于2007年3月13日向嘉祥县人民检察院提出赔偿申请，嘉祥县人民检察院逾期未作决定。2007年8月，李灵向济宁市中级人民法院赔偿委员会申请作出赔偿决定。济宁市中级人民法院赔偿委员审理期间，嘉祥县人民检察院以发现新的证据为由，撤销了对李灵的不起诉决定书，并于2008年2月23日以李灵犯贪污罪向嘉祥县人民法院提起公诉。济宁市中级人民法院赔偿委员会因此终止赔偿案件审理。2008年12月9日，嘉祥县人民法院作出一审刑事判决，以李灵犯贪污罪判决其有期徒刑一年零五个月，追缴扣押在嘉祥县人民检察院的赃款21722元。李灵不服，提起上诉。2009年4月17日，济宁市中级人民法院裁定发回重审。重审期间，嘉祥县人民检察院于2010年7月27日以认定李灵犯贪污罪事实不清，证据不足为由，作出撤销案件决定，撤销李灵涉嫌贪污罪一案。

李灵随后向嘉祥县人民法院申请国家赔偿。嘉祥县人民法院于 2011 年 7 月 25 日作出赔偿决定：1. 支付李灵被羁押 526 天的赔偿金 74865.58 元；2. 对李灵的其他请求不予赔偿。李灵对该决定第二项不服，向济宁市中级人民法院赔偿委员会申请作出赔偿决定。济宁市中级人民法院赔偿委员会在审理过程中，以抚慰受害人、案结事了为原则，组织双方进行质证并做了大量释法析理工作，在此基础上作出赔偿决定，由嘉祥县人民法院支付李灵精神损害抚慰金 25000 元。李灵对济宁市中级人民法院赔偿委员会的工作及案件处理结果表示满意，并赠送锦旗表示感谢。

【典型意义】国家赔偿工作事关国家机关形象，事关人民群众切身利益。人民法院赔偿委员会不仅要保证案件公正审理、依法赔偿，更要注重能动司法，注重案结事了，避免就案办案、机械办案。济宁中院赔偿委员会在审理案件过程中，对赔偿请求人既讲法理又讲情理，通过大量的释法析理、沟通协调工作，最终使赔偿请求人服判息诉，案件得以圆满解决，做到案结事了人和，实现了法律效果和社会效果的统一。

湖南省国家赔偿费用管理办法

湖南省人民政府令

第 266 号

《湖南省国家赔偿费用管理办法》已经 2013 年 8 月 27 日省人民政府第 11 次常务会议审议通过，现予公布，自 2013 年 12 月 1 日起施行。

湖南省省长

2013 年 09 月 17 日

第一条 为了加强国家赔偿费用管理，保障赔偿请求人依法取得国家赔偿的权利，根据《中华人民共和国国家赔偿法》、国务院《国家赔偿费用管理条例》，结合本省实际，制定本办法。

第二条 本省行政区域内国家赔偿费用的预算、支付、承担或者追偿等事项，适用本办法。

第三条 国家赔偿费用按照财政管理体制，由赔偿义务机关的同级财政负担。

县级以上人民政府年度财政预算应当安排一定数额的国家赔偿费用，确保及时足额支付。

第四条 国家赔偿费用由县级以上人民政府财政部门统一管理，并依法接受监督。

第五条 赔偿请求人申请支付国家赔偿费用，应当向赔偿义务机关提出书面申请。提出书面申请确有困难的，可以口头申请，由赔偿义务机关如实记录，赔偿请求人签字确认。

赔偿请求人申请支付国家赔偿费用，应当提交下列材料：

（一）生效的判决书、复议决定书、赔偿决定书或者调解书；

（二）赔偿请求人的身份证明和银行账号。

赔偿请求人提交的申请材料真实、有效、完整的，赔偿义务机关收到申请即为受理，并书面通知赔偿请求人。申请材料不完整的，赔偿义务机关应当当场或者在 3 个工作日内一次告知赔偿请求人需要补正的全部材料。

第六条 赔偿义务机关应当自受理赔偿请求人支付申请之日起 7 日内，依照预算管理权限向同级财政部门提出书面支付申请，并提交赔偿请求人请求支付国家赔偿费用的申请和本办法第五条第二款规定的材料。

申请材料符合要求的，财政部门收到申请即为受理，并书面通知赔偿义务机关。申请材料不符合要求的，财政部门应当在 3 个工作日内一次告知赔偿义务机关需要补正的全部材料。

第七条 财政部门应当自受理申请之日起 15 日内，按照预算和财政国库管理的有关规定，将国家赔偿费用直接支付给赔偿请求人。

财政部门自支付国家赔偿费用之日起 3 个工作日内告知赔偿义务机关、赔偿请求人。

第八条 财政部门应当自支付国家赔偿费用之日起 10 日内，复核赔偿项目和计算标准。发现赔偿项目、计算标准违反国家赔偿法规定的，应当提交作出赔偿决定的机关或者其上级机关依法处理。

第九条　赔偿义务机关应当自财政部门支付国家赔偿费用之日起 10 日内，依照国家赔偿法第十六条、第三十一条的规定，责令有关工作人员、受委托的组织或者个人承担或者向有关工作人员追偿百分之十五至全部国家赔偿费用。

单个有关工作人员或者受委托的个人承担或者被追偿的国家赔偿费用不得超过湖南省上年度城镇非私营单位在岗职工年平均工资。

第十条　财政部门应当督促赔偿义务机关依照本办法第九条的规定，责令有关工作人员、受委托的组织或者个人承担或者向有关工作人员追偿国家赔偿费用。

第十一条　赔偿义务机关依照本办法第九条作出责令承担或者追偿国家赔偿费用决定的，应当在 3 个工作日内书面通知同级财政部门。

有关工作人员、受委托的组织或者个人应当按照财政收入收缴的规定，一次性上缴应当承担或者被追偿的国家赔偿费用。一次性上缴确有困难的，经赔偿义务机关批准，可以在一年内分期上缴。

第十二条　赔偿义务机关、财政部门及其工作人员违反本办法规定的，根据国务院《财政违法行为处罚处分条例》等法律法规的规定处理。

第十三条　本办法自 2013 年 12 月 1 日起施行。1997 年 7 月 11 日发布的《湖南省实施规定》（湖南省人民政府令第 80 号）同时废止。

四川省国家赔偿费用管理办法

四川省人民政府令

第 271 号

《四川省国家赔偿费用管理办法》已经 2013 年 6 月 24 日四川省人民政府第 14 次常务会议通过，现予公布，自 2013 年 9 月 1 日起施行。

四川省省长

2013 年 7 月 13 日

第一条 根据《中华人民共和国国家赔偿法》（以下简称国家赔偿法）和国务院《国家赔偿费用管理条例》，结合四川省实际，制定本办法。

第二条 国家赔偿费用由地方各级人民政府按照财政管理体制分级负担。

地方各级人民政府应当根据实际情况，安排一定数额的国家赔偿费用，列入本级年度财政预算。未设立财政机构的乡（镇）人民政府，其国家赔偿费用由县级人民政府列入本级年度财政预算。当年需要支付的国家赔偿费用超过本级年度财政预算安排的，应当按照规定及时安排资金。

第三条 国家赔偿费用由地方各级人民政府财政部门统一管理。国家赔偿费用的管理应当依法接受监督。

第四条 赔偿义务机关应当按照有关规定受理赔偿请求人支付国家赔偿费用的申请。

第五条 赔偿义务机关应当自受理赔偿请求人支付申请之日起7日内，依照预算管理权限向有关财政部门提出书面支付申请，并提交下列材料：

（一）赔偿请求人请求支付国家赔偿费用的申请；

（二）生效的判决书、复议决定书、赔偿决定书或者调解书；

（三）赔偿请求人的身份证明及联系方式。

第六条 财政部门收到赔偿义务机关申请材料后，应当根据下列情况分别作出处理：

（一）申请的国家赔偿费用依照预算管理权限不属于本财政部门支付的，应当在3个工作日内退回申请材料并书面通知赔偿义务机关向有管理权限的财政部门申请；

（二）申请材料符合要求的，收到申请即为受理，并在受理之日书面通知赔偿义务机关；

（三）申请材料不符合要求的，应当自收到之日起3个工作日内一次书面通知赔偿义务机关需要补正的全部材料。赔偿义务机关应当自收到补正材料通知之日起5个工作日内按照要求提交全部补正材料，财政部门收到全部补正材料即为受理，并在受理之日书面通知赔偿义务机关。

书面通知应当加盖财政部门印章并注明日期。

第七条 财政部门应当自受理赔偿义务机关支付申请之日起15日内，按照预算和财政国库管理的有关规定支付国家赔偿费用。财政部门自支付国家赔偿费用之日起3个工作日内书面通知赔偿义务机关、赔偿请求人。

第八条 赔偿义务机关应当自收到财政部门支付国家赔偿费用之日起 5 个工作日内，向赔偿请求人支付国家赔偿费用。

赔偿请求人收到国家赔偿费用应当出具收款凭据；赔偿义务机关应当在 3 个工作日内将赔偿请求人出具的收款凭据复印件送财政部门。

第九条 赔偿费用以人民币支付。造成的损失以外币计价的，按照作出赔偿决定当日中国人民银行公布的人民币市场汇率中间价计算。

第十条 财政部门受理支付申请后依法对赔偿项目、计算标准进行复核，发现违反国家赔偿法规定的，应当向作出赔偿决定的机关或者其上级机关提出书面意见，作出赔偿决定的机关应当依法重新处理。

实际支付的国家赔偿费用超出依法应当支付的国家赔偿费用的，由作出赔偿决定的机关对超出部分予以追回；实际支付的国家赔偿费用低于依法应当支付的国家赔偿费用的，由赔偿义务机关按照本办法规定申请支付不足的国家赔偿费用。

第十一条 赔偿义务机关向赔偿请求人支付国家赔偿费用之日起 30 日内，应当根据国家赔偿法第十六条、第三十一条的规定，责令有关工作人员、受委托的组织或者个人承担或者向有关工作人员追偿部分或者全部国家赔偿费用。

赔偿义务机关依照前款规定作出决定后，应当在 3 个工作日内书面通知有关财政部门。

第十二条 作出赔偿决定的机关追回的国家赔偿费用，有关工作人员、受委托的组织或者个人应当承担或者被追偿的国家赔偿费用，依照财政收入收缴的规定及时上缴财政部门。

第十三条 赔偿义务机关责令有关工作人员、受委托的组织或者个人承担国家赔偿费用或者向有关工作人员追偿国家赔偿费用按以下规定确定：

（一）依照国家赔偿法第十六条规定应当承担 30% 直至全部国家赔偿费用；

（二）依照国家赔偿法第三十一条规定应当追偿 50% 直至全部国家赔偿费用。

个人承担或者被追偿的国家赔偿费用不得超过其个人在作出赔偿决定时的当年工资收入的 2 倍。

第十四条 赔偿义务机关工作人员、受委托的组织或者个人承担的国家赔偿费用或者向有关工作人员追偿的国家赔偿费用，可以采取一次或者多次缴纳的方式。对个人进行分次缴纳的，可从每月工资收入中扣缴，但每次扣缴额不得超过其月工资收入的 30%，个人主动认缴的除外。

第十五条 赔偿义务机关工作人员、受委托的组织或者个人对责令承担或者追偿决定不服，可以自收到责令承担或者追偿决定之日起 30 日内向赔偿义务机关申请复核，赔偿义务机关应当自收到复核申请书之日起 15 日内作出复核决定。

第十六条 赔偿义务机关、财政部门及其工作人员违反本办法规定的，按照国务院《国家赔偿费用管理条例》第十三条规定予以处理、处分。

第十七条 本办法自 2013 年 9 月 1 日起施行。1999 年 2 月 7 日四川省人民政府发布的《四川省国家赔偿费用管理实施办法》同时废止。

浙江省国家赔偿费用管理办法

浙江省人民政府令

第 349 号

《浙江省国家赔偿费用管理办法》已经省人民政府第77 次常务会议审议通过，现予公布，自 2017 年 3 月 1 日起施行。

浙江省代省长

2016 年 12 月 16 日

第一条 为了加强国家赔偿费用管理，保障公民、法人和其他组织享有依法取得国家赔偿的权利，促进国家机关依法行使职权，根据《中华人民共和国国家赔偿法》（以下简称《国家赔偿法》）、《国家赔偿费用管理条例》等法律、法规规定，结合本省实际，制定本办法。

第二条 本省国家赔偿费用的预算、申请、受理和支付以及追偿等管理活动，适用本办法。

本办法所称的国家赔偿费用，是指赔偿义务机关依照《国家赔偿法》的规定向赔偿请求人赔偿的费用。

本办法所称的赔偿义务机关，包括行政赔偿义务机关、刑事赔偿义务机关（含《国家赔偿法》第三十八条规定的赔偿义务机关，下同）。赔偿义务机关的确定，依照《国家赔偿法》的规定执行。

第三条 国家赔偿费用由县级以上人民政府财政部门统一管理。

国家赔偿费用应当依照法定的赔偿项目、计算标准和规定程序支付。

第四条 国家赔偿费用由赔偿义务机关的同级财政负担。

县级以上人民政府应当根据当地实际情况，安排一定数额的国家赔偿费用，列入本级年度财政预算。当年需要支付的国家赔偿费用超过本级年度财政预算安排的，应当按照财政预算管理有关规定及时安排资金。

第五条 赔偿请求人申请国家赔偿的，应当依照《国家赔偿法》的规定，在 2 年时效内向赔偿义务机关提出。行政赔偿案件的赔偿请求人也可以在申请行政复议或者提起行政诉讼时一并提出。

赔偿义务机关应当在法定期限内作出是否赔偿的决定。赔偿请求人对赔偿的方式、项目、金额有异议的，或者赔偿义务机关作出不予赔偿决定的，赔偿请求人可以依照《国家赔偿法》规定的途径寻求救济。

第六条 赔偿请求人申请支付国家赔偿费用的，应当向赔偿义务机关提出书面申请，提交与申请有关的生效判决书、行政复议决定书、赔偿决定书或者调解书和身份证明，并提供联系方式和资金支付账号。

赔偿请求人书写申请书确有困难的，可以委托他人代为书写，也可以口头申请。口头申请的，赔偿义务机关工作人员应当如实记录，并由赔偿请求人签字确认或者以其他方式当场确认。

第七条　赔偿请求人提交的申请材料真实、有效、完整的，赔偿义务机关收到申请材料即为受理，并在受理之日起 3 个工作日内书面通知赔偿请求人。

申请材料不完整的，赔偿义务机关应当当场或者在 3 个工作日内一次性告知赔偿请求人需要补正的材料。赔偿请求人按照赔偿义务机关的要求提交补正材料的，赔偿义务机关收到补正材料即为受理。不告知需要补正材料的，赔偿义务机关收到申请材料即为受理。

申请材料虚假、无效，赔偿义务机关决定不予受理的，应当在 3 个工作日内书面通知赔偿请求人并说明理由。

第八条　赔偿请求人对赔偿义务机关不予受理国家赔偿费用支付申请的决定有异议的，可以在收到不予受理决定书之日起 10 日内向赔偿义务机关的上一级机关申请复核。赔偿义务机关的上一级机关应当自收到复核申请之日起 5 个工作日内作出决定。

第九条　赔偿义务机关受理赔偿请求人申请支付国家赔偿费用的，应当自受理之日起 7 日内依照预算管理权限向有关财政部门提交书面支付申请，并随附赔偿请求人按照本办法第六条第一款规定提交的书面材料。

赔偿义务机关是县级以上人民政府的，应当自受理支付申请之日起 7 日内，依照预算管理权限通知本级财政部门支付国家赔偿费用。

第十条　财政部门应当自受理国家赔偿费用支付申请或者接到本级人民政府支付通知之日起 15 日内支付国家赔偿费用，并分别告知赔偿义务机关和赔偿请求人。财政部门认为支付申请或者支付通知中赔偿项目、计算标准不符合《国家赔偿法》规定的，提交赔偿义务机关或者其上级机关依法处理。

赔偿义务机关与有关财政部门之间拨付国家赔偿费用的具体操作规程，由省财政部门会同有关单位另行制定，报省人民政府批准后实施。

第十一条 赔偿义务机关履行国家赔偿义务后，应当依法对责任人实行追偿。行政赔偿义务机关应当向有故意或者重大过失的责任人追偿部分或者全部国家赔偿费用；刑事赔偿义务机关应当向有《国家赔偿法》第三十一条第一款规定情形之一的责任人追偿部分或者全部国家赔偿费用。赔偿义务机关或者其他有权监督机关应当同时对被追偿的责任人依法给予处分。被追偿的责任人构成犯罪的，依法追究刑事责任。

第十二条 国家赔偿费用的追偿比例根据违法性质、损害后果以及被追偿人过错程度等因素确定。追偿金额最高不超过国家公布的上一年度职工年平均工资的 2 倍。作出追偿决定时国家上一年度职工年平均工资尚未公布的，以已公布的最近年度职工年平均工资为准。

国家赔偿涉及 2 个以上责任人的，应当分别确定追偿比例和追偿金额，合计追偿总额不超过实际发生的国家赔偿费用。

第十三条 行政赔偿义务机关应当自财政部门告知已支付国家赔偿费用之日起 60 日内，作出追偿或者不予追偿的决定，同时抄送有关财政部门和其他有权监督机关。

刑事赔偿义务机关发现有《国家赔偿法》规定应当予以追偿情形的，应当在确认追偿情形之日起 60 日内作出追偿的决定，同时抄送有关财政部门和其他有权监督机关。

赔偿义务机关在作出追偿决定前，应当听取被追偿人的意见；

对不予采纳的意见，赔偿义务机关应当说明理由。

第十四条 被追偿人不服追偿决定的，可以自收到追偿决定书之日起 30 日内，向作出追偿决定的赔偿义务机关申请复核。赔偿义务机关在收到复核申请书之日起 30 日内作出复核决定。对复核决定不服的，被追偿人可以自收到复核决定书之日起 15 日内向赔偿义务机关的上一级机关申诉。

第十五条 赔偿义务机关作出追偿决定后，被追偿人应当自收到追偿决定书之日起 30 日内缴付追偿费用。追偿费用应当上缴国库。

第十六条 追偿费用应当一次性缴付。被追偿人一次性缴付追偿费用确有困难的，可以向赔偿义务机关提交分期缴付书面申请。赔偿义务机关同意分期缴付的，应当签订书面协议，并抄送有关财政部门和其他有权监督机关。分期缴付期限最长不超过 2 年。

第十七条 赔偿义务机关对责任人依法应当追偿而不追偿的，由有关任免机关、监察机关或者其他有权监督机关依法追究赔偿义务机关相关负责人的责任。

第十八条 任何单位和个人有权检举、控告国家赔偿费用管理中的违法行为。接受检举、控告的财政、监察、人事等有关部门应当依法及时处理。

第十九条 赔偿义务机关和财政部门及其工作人员违反本办法规定的，依照《财政违法行为处罚处分条例》等法律、法规的规定处理。

第二十条 本办法自 2017 年 3 月 1 日起施行。

青海省国家赔偿费用管理办法

青海省人民政府令

第 111 号

《青海省国家赔偿费用管理办法》已经 2015 年 10 月 13 日省人民政府第 51 次常务会议审议通过，现予公布，自公布之日起施行。

青海省省长

2015 年 10 月 14 日

第一条 为了加强国家赔偿费用管理，保障公民、法人和其他组织享有依法取得国家赔偿的权利，促进国家机关依法行使职权，根据《中华人民共和国国家赔偿法》（以下简称国家赔偿法）和《国家赔偿费用管理条例》，结合本省实际，制定本办法。

第二条 本办法所称国家赔偿费用，是指依法应当向赔偿请求人赔偿的费用。

第三条 国家赔偿费用列入各级人民政府年度财政预算，由各级人民政府按照财政管理体制分级负担，依法管理。未设立预算的乡（镇）人民政府，其国家赔偿费用由县级人民政府列入年度财政预算。当年需要支付的国家赔偿费用超过本级年度财政预算安排的，应当按照规定及时安排资金补充。

第四条 赔偿请求人申请支付国家赔偿费用的，应当向赔偿义务机关提出申请，并提交与申请有关的生效判决书、复议决定书、赔偿决定书或者调解书以及赔偿请求人的身份证明。

第五条 赔偿义务机关应当依法受理赔偿请求人请求支付国家赔偿费用的申请。赔偿请求人对赔偿义务机关不予受理决定有异议的，可以依法向赔偿义务机关的上一级机关申请复核。

第六条 赔偿义务机关应当自受理赔偿请求人支付申请之日起7日内，依照预算管理权限向有关财政部门提出书面支付申请，并提交下列材料：

（一）赔偿请求人请求支付国家赔偿费用的申请；

（二）生效的判决书、复议决定书、赔偿决定书或者调解书；

（三）赔偿请求人的身份证明和联系方式；

（四）依法应当提供的其他材料。

第七条 财政部门收到赔偿义务机关支付国家赔偿费用的申请后，应当根据下列情况分别作出处理：

（一）申请的国家赔偿费用依照预算管理权限不属于本财政部门支付的，应当在3个工作日内退回申请材料并书面通知赔偿义务机关向有管理权限的财政部门申请；

（二）申请材料符合要求的，收到申请即为受理，出具加盖本部门印章的《受理国家赔偿支付申请通知书》，并注明收讫日期；

（三）申请材料不符合要求的，应当在3个工作日内一次性书面告知赔偿义务机关需要补正的全部材料。赔偿义务机关应当在5个工作日内按照要求提交全部补正材料，财政部门收到补正材料即为受理。

第八条 财政部门受理国家赔偿申请后，依法应当向赔偿请求人支付国家赔偿费用的，自受理申请之日起15日内，按照预算和财政国库管理的有关规定向赔偿请求人支付国家赔偿费用。

第九条 财政部门依法向赔偿请求人支付国家赔偿费用的，应当自支付国家赔偿费用之日起 3 个工作日内告知赔偿义务机关、赔偿请求人。赔偿请求人收到国家赔偿费用时，应当出具收据或者其他凭证。

第十条 财政部门受理国家赔偿申请后，发现赔偿项目、计算标准违反国家赔偿法规定的，应当移交作出赔偿决定的机关或者其上级机关依法处理，追究有关人员的责任。

第十一条 赔偿义务机关应当依法责令有关工作人员、受委托的组织或者个人承担或者向有关工作人员追偿部分或者全部国家赔偿费用。赔偿义务机关依照前款规定作出决定后，应当在 3 个工作日内书面通知有关财政部门。赔偿义务机关追偿的国家赔偿费用应当依照财政收入收缴规定全额上缴同级财政。

第十二条 本办法自公布之日起施行。1995 年 12 月 29 日省人民政府第 18 次常务会议审议通过的《青海省国家赔偿费用管理规定》同时废止。

公安机关办理国家赔偿案件程序规定

中华人民共和国公安部令

第 130 号

《公安机关办理国家赔偿案件程序规定》已经 2014 年 4 月 1 日公安部部长办公会议通过，现予发布，自 2014 年 6 月 1 日起施行。

公安部部长

2014 年 4 月 7 日

第一章 总 则

第一条 为了规范公安机关办理国家赔偿案件，保障公民、法人和其他组织享有依法取得国家赔偿的权利，促进公安机关及其人民警察依法行使职权，根据《中华人民共和国国家赔偿法》及有关法律法规，制定本规定。

第二条　公安机关及其工作人员行使职权侵犯公民、法人或者其他组织合法权益，造成损害的，该公安机关为赔偿义务机关。

公安派出所、具有独立执法主体资格的公安机关内设机构及其工作人员有前款规定情形的，所属公安机关为赔偿义务机关。

看守所、拘留所、强制隔离戒毒所等羁押监管场所及其工作人员有第一款规定情形的，主管公安机关为赔偿义务机关。

第三条　赔偿义务机关的上一级公安机关为刑事赔偿复议机关。

公安部为赔偿义务机关的，刑事赔偿复议机关为公安部。

第四条　县级以上公安机关法制部门是公安机关国家赔偿工作的主管部门，依法履行下列职责：

（一）接收国家赔偿申请，提出初步审查意见；

（二）审查国家赔偿申请，提出是否予以赔偿的意见；

（三）审查赔偿请求人提出的支付国家赔偿费用申请，复核赔偿义务机关对支付赔偿费用申请作出的不予受理决定；

（四）办理刑事赔偿复议案件；

（五）参加人民法院国家赔偿案件审理活动；

（六）提出追偿赔偿费用意见；

（七）其他应当履行的职责。

第五条　公安机关各相关部门应当按照职责分工，配合法制部门共同做好国家赔偿工作。

所涉执法办案部门应当与本级法制部门共同研究案情，及时提供国家赔偿所涉执法办案活动的情况及相关证据，共同参加人民法院国家赔偿案件审理活动。

信访部门对信访中要求国家赔偿的，告知信访人依法通过国家赔偿程序请求赔偿。

监察部门对国家赔偿所涉执法办案活动中的违纪行为进行调查，提出处理意见，受理不服处分的申诉。

审计部门监督国家赔偿案件中涉案财物处置和赔偿费用支付。

装备财务部门负责向财政机关提出国家赔偿费用支付申请，向赔偿请求人支付财政机关拨付的国家赔偿费用，将追偿的国家赔偿费用上缴财政机关。

第六条 公安机关办理国家赔偿案件应当坚持实事求是、有错必纠、依法赔偿、公正高效的原则。

第七条 上级公安机关监督、指导下级公安机关依法办理国家赔偿案件。发现下级公安机关办理的国家赔偿案件或者所涉行政、刑事执法办案活动确有错误的，应当予以纠正或者责令下级公安机关纠正；赔偿请求人反映下级公安机关违反法律规定办理国家赔偿案件的，应当调查处理，并告知赔偿请求人调查结果。

第二章 受 理

第八条 赔偿请求人申请国家赔偿，应当提交以下材料：

（一）赔偿申请书，载明受害人的基本情况、赔偿请求、事实根据和理由、申请日期，并由赔偿请求人签名、盖章或者捺指印；

（二）赔偿请求人的身份证明材料，赔偿请求人不是受害人本人的，应当提供与受害人关系的证明；赔偿请求人委托他人代理赔偿请求事项的，应当提交授权委托书，以及代理人和被代理人的身份证明；代理人为律师的，应当同时提交律师执业证复印件及律师事务所介绍函；

（三）证明赔偿请求涉及的刑事拘留、行政处罚、行政强制措施或者相关处理情况的通知书、决定书、释放证明书等法律文书或者其他材料；

（四）证明侵权行为造成损害及其程度的法律文书或者其他材料。

赔偿请求人不能提交前款第三项、第四项所列法律文书或者材料的，可以说明情况，接收申请的公安机关法制部门应当将有关情况记录在案。

赔偿请求人书写确有困难的，可以向公安机关法制部门提出口头申请。公安机关法制部门应当制作《国家赔偿口头申请笔录》，经赔偿请求人确认无误后签名、盖章或者捺指印。

第九条 公安机关法制部门收到书面赔偿申请的，应当予以登记。赔偿请求人当面递交书面赔偿申请的，公安机关法制部门应当出具《国家赔偿申请接收凭证》，并注明日期，加盖公安机关印章或者国家赔偿专用印章。

公安机关其他部门收到书面赔偿申请的，应当登记并于二十四小时内转送公安机关法制部门。赔偿请求人当面递交或者口头提出赔偿申请的，应当当场告知赔偿请求人向公安机关法制部门递交或者提出。

赔偿申请材料不齐全或者表述不清楚的，应当经本级公安机关法制部门负责人批准，当场或者自收到赔偿申请之日起五日内制作《国家赔偿申请补正通知书》，一次性告知赔偿请求人需要补正说明的全部内容。收到申请的时间自收到补正材料之日起计算。

第十条 赔偿申请具有下列情形之一的，经本级公安机关负责人批准，不予受理：

（一）赔偿请求人不具备主体资格的；

（二）本机关不是赔偿义务机关的；

（三）赔偿请求事项不属于国家赔偿范围的；

（四）超过请求时效且无正当理由的；

（五）办理赔偿案件时无法确定公安机关是否存在应当承担国家赔偿责任的侵权行为，需要以其他案件的审理结果为依据，而其他案件尚未审结的；

（六）对赔偿请求已经依法作出不予受理、驳回、终止或者是否予以赔偿决定，赔偿请求人无正当理由基于同一事实再次提出赔偿请求的。

除前款规定外的赔偿申请，经本级公安机关法制部门负责人批准，予以受理。受理后发现有前款规定情形之一的，经本级公安机关负责人批准，予以驳回。

决定受理、不予受理、驳回赔偿申请应当自收到申请之日起五日内制作《国家赔偿申请受理通知书》、《国家赔偿申请不予受理通知书》、《国家赔偿申请驳回通知书》。

第三章　审查决定

第十一条　公安机关法制部门应当自决定受理赔偿申请之日起三日内制作《提交国家赔偿案件情况通知书》，通知所涉执法办案部门，并附送国家赔偿申请书及相关材料复印件。所涉执法办案部门应当在收到通知后十日内提供所涉执法办案活动的情况、相关证据和其他有关材料。

第十二条　对已经受理的赔偿申请，公安机关法制部门应当查明以下事项：

（一）是否存在国家赔偿法规定的损害行为和损害结果；

（二）损害是否为公安机关及其工作人员行使职权造成；

（三）侵权的起止时间和造成损害的程度；

（四）是否具有国家不承担赔偿责任的法定情形；

（五）其他应当查明的事项。

公安机关法制部门审查前款事项时，对赔偿请求人申请赔偿的事实、证据和理由，所涉执法办案活动中的侦查措施、强制措施或者行政处罚等是否合法，应当结合案情，进行全面审查。

第十三条 涉及精神损害赔偿的案件，应当重点查明以下事项：

（一）是否存在国家赔偿法第三条或者第十七条规定的侵犯人身权行为；

（二）是否造成精神损害后果；

（三）侵权人身权行为与精神损害后果之间有无因果关系。

第十四条 对侵犯公民人身权的案件，应当审查下列证据：

（一）诊断证明、医疗费用收费凭据以及护理、康复、后续治疗的证明；

（二）死亡证明书或者伤残、部分、全部丧失劳动能力的鉴定意见；

（三）因误工减少收入的，单位出具的误工证明、医疗单位出具的休息诊断证明等；

（四）受害人死亡或者全部丧失劳动能力的，其扶养的未成年人和其他无劳动能力人的有关情况，以及前述人员有无其他扶养义务人的证明；

（五）公安机关及其人民警察行使职权是否合法以及与损害结果有无因果关系的证据；

（六）其他有关证据。

第十五条 对侵犯公民、法人或者其他组织财产权的案件，应当审查下列证据：

（一）罚款、吊销许可证或者执照、责令停产停业、没收财物等行政处罚的法律文书等证据；

（二）查封、扣押、冻结、收缴、追缴等措施的法律文书、录音录像资料等证据；

（三）已损毁、灭失、拍卖或者变卖财产价格的证据；

（四）停产停业期间必要经常性开支的证据；

（五）其他有关证据。

第十六条 已经依法通过行政复议、诉讼等途径纠正或者确认违法行为的案件，赔偿请求人就违法行为申请国家赔偿的，前述程序中收集的相关证据材料经审查确认真实的，可以作为国家赔偿案件的证据。

第十七条 公安机关法制部门认为必要时，可以向所涉执法办案部门和工作人员调查核实有关情况，收集有关证据，听取赔偿请求人的意见。所涉执法办案部门和工作人员应当积极配合做好调查取证工作。

第十八条 赔偿申请具有下列情形之一的，经本级公安机关法制部门负责人批准，中止审查：

（一）作为赔偿请求人的公民丧失行为能力，尚未确定法定代理人的；

（二）作为赔偿请求人的公民下落不明或者被宣告失踪的；

（三）作为赔偿请求人的公民死亡，其继承人和其他有扶养关系的亲属尚未表明是否参加赔偿案件处理的；

（四）作为赔偿请求人的法人或者其他组织终止，尚未确定权利义务承受人的；

（五）赔偿请求人因不可抗拒的事由，在国家赔偿案件办理期限内无法参加案件处理的；

（六）拟作出予以赔偿的决定，但国家上年度职工平均工资标准尚未公布的。

中止审查的情形消除后，经本级公安机关法制部门负责人批准，及时恢复审查。

中止审查和恢复审查应当制作《国家赔偿申请中止审查通知书》、《国家赔偿申请恢复审查通知书》。

第十九条 赔偿申请具有下列情形之一的，经本级公安机关负责人批准，终结审查：

（一）作为赔偿请求人的公民死亡，没有继承人和其他有扶养关系的亲属，或者赔偿请求人的继承人和其他有扶养关系的亲属放弃要求赔偿权利的；

（二）作为赔偿请求人的法人或者其他组织终止后，其权利义务承受人放弃要求赔偿权利的；

（三）赔偿请求人据以申请赔偿的撤销案件决定、不起诉决定或者无罪判决被撤销的；

（四）在国家赔偿决定作出前，赔偿请求人书面要求撤回赔偿申请，经审查，出于赔偿请求人真实意愿，不违反法律法规规定，不损害国家、集体或者他人合法权益的；

（五）需要终结审查的其他情形。

终结审查应当自具有前款规定情形之日起十日内制作《国家赔偿申请终结审查决定书》。

第二十条 对存在侵权损害事实，依法应予国家赔偿的，在查清事实、明确责任的基础上，可以依照国家赔偿法第四章的规定，与赔偿请求人就赔偿方式、赔偿项目和赔偿数额进行协商，并将协商情况记录在案。

赔偿协商应当遵循自愿、合法原则。协商达成一致的，应当按照协商结果制作赔偿决定书；赔偿请求人拒绝协商，或者经协商不能达成一致的，应当依法及时作出赔偿决定。

第二十一条 对已经受理的赔偿申请，经本级公安机关负责人批准，分别作出以下决定：

（一）请求赔偿的侵权事项事实清楚，应当予以赔偿的，依法作出予以赔偿的决定；

（二）请求赔偿的侵权事项事实不存在的，依法作出不予赔偿的决定。

作出赔偿或者不予赔偿的决定应当自收到赔偿申请之日起两个月内制作《国家赔偿决定书》。

第二十二条 侵犯公民人身自由的，每日赔偿金按照作出赔偿决定时的国家上年度职工日平均工资计算。采取限制人身自由的强制措施，不足一日的，按照一日计算。

第二十三条 赔偿请求人提出精神损害赔偿申请的，国家赔偿决定书中应当载明是否就精神损害承担赔偿责任。承担精神损害赔偿责任的，应当载明消除影响、恢复名誉、赔礼道歉等承担方式；对造成精神损害严重后果，依法支付精神损害抚慰金的，应当载明精神损害抚慰金的数额。

法律法规对精神损害抚慰金有明确规定的，适用法律法规的规定；没有明确规定的，精神损害抚慰金的数额可以参照民事侵权精神损害赔偿的有关规定，根据侵权过错程度、情节、损害后果、当地平均生活水平等因素确定。

第二十四条 申请行政复议时一并提出行政赔偿请求，行政复议机关决定不予赔偿的，应当在行政复议决定书中注明，并说明理由；决定赔偿的，可以在行政复议决定书中载明具体的赔偿方式、赔偿项目和赔偿数额，也可以单独制作行政赔偿决定书。

第四章 刑事赔偿复议

第二十五条 申请刑事赔偿复议应当提交以下材料：

（一）复议申请书。载明受害人的基本情况、复议请求、事实根据和理由、申请时间，并由赔偿请求人签名、盖章或者捺指印；

（二）赔偿请求人的身份证明材料；

（三）向赔偿义务机关提交的赔偿申请书；

（四）赔偿义务机关作出的是否予以赔偿的决定书；

（五）赔偿义务机关逾期未作决定的，证明赔偿义务机关收到赔偿申请的证据。

第二十六条 刑事赔偿复议申请具有以下情形之一的，经本级公安机关负责人批准，不予受理：

（一）赔偿请求人不具备主体资格；

（二）申请超过法定复议期限，且无正当理由的；

（三）申请人未向赔偿义务机关提出国家赔偿申请的；

（四）赔偿义务机关在法定期限内尚未作出是否赔偿决定的；

（五）复议机关对复议申请依法作出不予受理、终结决定或者复议决定，赔偿请求人无正当理由基于同一事实再次提出复议申请的。

收到复议申请的公安机关不是复议机关的，经本级公安机关法制部门负责人批准，告知赔偿请求人向复议机关提出。

除第一款、第二款规定情形外，收到复议申请的，应当经本级公安机关法制部门负责人批准，予以受理。受理后发现有第一款、第二款规定情形之一的，经本级公安机关负责人批准，予以驳回。

受理、不予受理、驳回复议申请应当自收到复议申请之日起五日内制作《刑事赔偿复议申请受理通知书》、《刑事赔偿复议申请不予受理通知书》和《刑事赔偿复议申请驳回通知书》。

第二十七条 赔偿义务机关与赔偿请求人在复议决定作出前自愿达成和解，赔偿请求人向复议机关申请撤回复议申请的，复议机关应当进行审查。对和解出于双方真实意愿，不违反法律法规规定，不损害国家、集体或者他人合法权益的，应予准许撤回并终结审查复议申请。

第二十八条 复议机关可以按照自愿、合法的原则组织赔偿义务机关与赔偿请求人进行调解，并将调解情况记录在案。

经调解达成一致的，赔偿义务机关与赔偿请求人在复议机关的主持下签署调解协议，载明调解过程和结果，并由双方当事人签名、盖章或者捺指印。调解协议签署后，复议机关应当依照本规定作出复议决定。

赔偿请求人或者赔偿义务机关不同意调解，调解未达成一致，或者一方在复议决定作出前反悔的，复议机关应当及时作出复议决定。

第二十九条　对已经受理的刑事赔偿复议申请，经本级公安机关负责人批准，分别作出以下决定：

（一）原赔偿决定认定事实清楚，适用法律正确，赔偿的方式、项目、数额适当的，依法予以维持；

（二）原赔偿决定认定事实不清或者适用法律错误的，依法予以撤销，并决定赔偿义务机关是否应予赔偿；

（三）原赔偿决定赔偿的方式、项目、数额不当的，依法予以变更；

（四）赔偿义务机关逾期未作出是否赔偿决定的，查清事实后依法决定赔偿义务机关是否应予赔偿。

作出复议决定应当自收到复议申请之日起两个月内制作《刑事赔偿复议决定书》。

第三十条　赔偿请求人对赔偿义务机关作出的不予受理或者终结审查刑事赔偿申请决定不服，向上一级公安机关提出异议，上一级公安机关认为不予受理或者终结审查决定不当的，可以责令赔偿义务机关依法予以受理或者继续审查赔偿申请，也可以直接受理并作出赔偿义务机关是否应予赔偿的决定；认为不予受理或者终结审查符合法律法规规定的，应当告知赔偿请求人。

第三十一条　本章未明确规定的复议程序，参照本规定第二章、第三章相关规定执行。

第五章　执　行

第三十二条　赔偿义务机关按照以下方式执行生效的赔偿决定：

（一）支付赔偿费用的，由装备财务部门按照《国家赔偿费用管理条例》办理；

（二）返还财物或者恢复原状的，由所涉执法办案部门在二十日内办理，重大、复杂的案件，经本级公安机关负责人批准，可以延长十日；

（三）造成精神损害，在侵权行为影响的范围内为赔偿请求人消除影响、恢复名誉、赔礼道歉的，由赔偿义务机关或者赔偿义务机关负责人履行，也可以由赔偿义务机关委托所涉执法办案部门履行。

公安机关法制部门应当将相关执行情况附卷备查。

第三十三条 财政机关向赔偿义务机关支付赔偿费用的，赔偿义务机关应当依法及时、足额向赔偿请求人支付，不得拖延、截留。

第三十四条 赔偿义务机关承担国家赔偿责任后，应当向符合国家赔偿法第十六条、第三十一条规定的责任人员追偿赔偿费用。

追偿赔偿费用应当结合责任人员的过错程度、损害后果确定追偿部分或者全部赔偿费用，但应当为责任人员及其扶养的家属保留必需的生活费用。

责任人员对赔偿义务机关的追偿决定不服的，可以向本级或者上一级公安机关申诉。

第六章　责任追究

第三十五条 赔偿义务机关违反规定采取补偿、救助等形式代替国家赔偿的，对直接负责的主管人员或者其他直接责任人员，应当依照有关规定给予批评或者处分，赔偿义务机关在该年度执法质量考核评议中不得评定为优秀等级。

第三十六条　在国家赔偿案件办理过程中，有关执法办案部门不提供相关情况、证据和其他有关材料，不配合甚至阻挠调查取证，或者故意提供虚假证据材料，掩盖违法事实的，对直接负责的主管人员或者其他直接责任人员，依照有关规定给予批评或者处分。

第三十七条　赔偿义务机关未依法在法定期限内作出赔偿决定，或者拒不执行生效的赔偿决定书、复议决定书和人民法院裁判文书的，对直接负责的主管人员或者其他直接责任人员，应当依照有关规定给予批评或者处分。

第三十八条　赔偿义务机关、刑事赔偿复议机关办案人员徇私舞弊，打击报复赔偿请求人，或者有其他渎职、失职行为的，对直接负责的主管人员或者其他直接责任人员，应当依照有关规定给予处分；构成犯罪的，依法追究刑事责任。

第三十九条　赔偿义务机关严格依照法定程序办理国家赔偿案件，依法作出赔偿决定，及时、主动纠正执法过错的，年度执法质量考核评议可以减少或者不予扣分；有关责任人员积极配合赔偿调查取证工作，主动减少损失、挽回影响的，可以从轻或者免予处分。

第七章　附　则

第四十条　本规定中三日、五日、七日为工作日。期间届满的最后一日是节假日的，以节假日后的第一日为期间届满的日期。

国家赔偿案件审查期间涉及专门事项需要鉴定的，鉴定所用时间不计入案件办理期限。

第四十一条 赔偿义务机关和刑事赔偿复议机关根据本规定制作的法律文书应当自作出之日起十日内送达赔偿请求人。无法送达赔偿请求人的，可以送达其代理人或者权利义务承受人。

第四十二条 本规定自 2014 年 6 月 1 日起施行。本规定发布前公安部制定的有关规定与本规定不一致的，适用本规定。

全国普法学习读本

★ ★ ★ ★ ★

国家赔偿法律法规学习读本
国家赔偿项目法律法规

叶浦芳　主编

加大全民普法力度，建设社会主义法治文化，树立宪法法律至上、法律面前人人平等的法治理念。

——中国共产党第十九次全国代表大会《决胜全面建成小康社会　夺取新时代中国特色社会主义伟大胜利》

汕头大学出版社

图书在版编目（CIP）数据

国家赔偿项目法律法规／叶浦芳主编. -- 汕头：
汕头大学出版社，2023.4（重印）

（国家赔偿法律法规学习读本）

ISBN 978-7-5658-2515-6

Ⅰ.①国… Ⅱ.①叶… Ⅲ.①国家赔偿法-中国-学
习参考资料 Ⅳ.①D921.64

中国版本图书馆 CIP 数据核字（2018）第 035185 号

国家赔偿项目法律法规 GUOJIA PEICHANG XIANGMU FALÜ FAGUI

主　　编：叶浦芳
责任编辑：邹　峰
责任技编：黄东生
封面设计：大华文苑
出版发行：汕头大学出版社
　　　　　广东省汕头市大学路 243 号汕头大学校园内　　邮政编码：515063
电　　话：0754-82904613
印　　刷：三河市元兴印务有限公司
开　　本：690mm×960mm 1/16
印　　张：18
字　　数：226 千字
版　　次：2018 年 5 月第 1 版
印　　次：2023 年 4 月第 2 次印刷
定　　价：59.60 元（全 2 册）
ISBN 978-7-5658-2515-6

前　言

习近平总书记指出："推进全民守法，必须着力增强全民法治观念。要坚持把全民普法和守法作为依法治国的长期基础性工作，采取有力措施加强法制宣传教育。要坚持法治教育从娃娃抓起，把法治教育纳入国民教育体系和精神文明创建内容，由易到难、循序渐进不断增强青少年的规则意识。要健全公民和组织守法信用记录，完善守法诚信褒奖机制和违法失信行为惩戒机制，形成守法光荣、违法可耻的社会氛围，使遵法守法成为全体人民共同追求和自觉行动。"

中共中央、国务院曾经转发了中央宣传部、司法部关于在公民中开展法治宣传教育的规划，并发出通知，要求各地区各部门结合实际认真贯彻执行。通知指出，全民普法和守法是依法治国的长期基础性工作。深入开展法治宣传教育，是全面建成小康社会和新农村的重要保障。

普法规划指出：各地区各部门要根据实际需要，从不同群体的特点出发，因地制宜开展有特色的法治宣传教育坚持集中法治宣传教育与经常性法治宣传教育相结合，深化法律进机关、进乡村、进社区、进学校、进企业、进单位的"法律六进"主题活动，完善工作标准，建立长效机制。

特别是农业、农村和农民问题，始终是关系党和人民事业发展的全局性和根本性问题。党中央、国务院发布的《关于推进社会主义新农村建设的若干意见》中明确提出要"加强农村法制建设，深入开展农村普法教育，增强农民的法制观念，提高农民依法行使权利和履行义务的自觉性。"多年普法实践证明，普及法律知识，提高法制观念，增强全社会依法办事意识具有重要作用。特别是在广大农村进行普法教育，是提高全民法律素质的需要。

多年来，我国在农村实行的改革开放取得了极大成功，农村发生了翻天覆地的变化，广大农民生活水平大大得到了提高。但是，由于历史和社会等原因，现阶段我国一些地区农民文化素质还不高，不学法、不懂法、不守法现象虽然较原来有所改变，但仍有相当一部分群众的法制观念仍很淡化，不懂、不愿借助法律来保护自身权益，这就极易受到不法的侵害，或极易进行违法犯罪活动，严重阻碍了全面建成小康社会和新农村步伐。

为此，根据党和政府的指示精神以及普法规划，特别是根据广大农村农民的现状，在有关部门和专家的指导下，特别编辑了这套《全国普法学习读本》。主要包括了广大人民群众应知应懂、实际实用的法律法规。为了辅导学习，附录还收入了相应法律法规的条例准则、实施细则、解读解答、案例分析等；同时为了突出法律法规的实际实用特点，兼顾地方性和特殊性，附录还收入了部分某些地方性法律法规以及非法律法规的政策文件、管理制度、应用表格等内容，拓展了本书的知识范围，使法律法规更"接地气"，便于读者学习掌握和实际应用。

在众多法律法规中，我们通过甄别，淘汰了废止的，精选了最新的、权威的和全面的。但有部分法律法规有些条款不适应当下情况了，却没有颁布新的，我们又不能擅自改动，只得保留原有条款，但附录却有相应的补充修改意见或通知等。众多法律法规根据不同内容和受众特点，经过归类组合，优化配套。整套普法读本非常全面系统，具有很强的学习性、实用性和指导性，非常适合用于广大农村和城乡普法学习教育与实践指导。总之，是全国全民普法的良好读本。

目 录

人民检察院国家赔偿工作规定

民航行政机关行政赔偿办法

中华人民共和国海关行政赔偿办法

船舶油污损害赔偿基金征收使用管理办法

大中型水利水电工程建设征地补偿和移民安置条例

蓄滞洪区运用补偿暂行办法

国有土地上房屋征收与补偿条例

人民检察院国家赔偿工作规定

关于印发《人民检察院国家赔偿工作规定》的通知

各省、自治区、直辖市人民检察院，军事检察院，新疆生产建设兵团人民检察院：

《人民检察院国家赔偿工作规定》已经 2010 年 11 月 11 日最高人民检察院第十一届检察委员会第四十六次会议通过，现印发你们，请认真贯彻执行。执行中遇到的问题，请及时报告最高人民检察院。

最高人民检察院

二〇一〇年十一月二十二日

第一章　总　则

第一条　为了保障公民、法人和其他组织享有依法取得国家赔偿的权利，促进国家机关及其工作人员依法行使职权、公正执法，根据《中华人民共和国国家赔偿法》及有关法律，制定本规定。

第二条　人民检察院通过办理检察机关作为赔偿义务机关的刑

事赔偿案件，并对人民法院赔偿委员会决定和行政赔偿诉讼依法履行法律监督职责，保障国家赔偿法的统一正确实施。

第三条 人民检察院国家赔偿工作办公室统一办理检察机关作为赔偿义务机关的刑事赔偿案件、对人民法院赔偿委员会决定提出重新审查意见的案件，以及对人民法院行政赔偿判决、裁定提出抗诉的案件。

人民检察院相关部门应当按照内部分工，协助国家赔偿工作办公室依法办理国家赔偿案件。

第四条 人民检察院国家赔偿工作应当坚持依法、公正、及时的原则。

第五条 上级人民检察院监督、指导下级人民检察院依法办理国家赔偿案件。上级人民检察院在办理国家赔偿案件时，对下级人民检察院作出的相关决定，有权撤销或者变更；发现下级人民检察院已办结的国家赔偿案件确有错误，有权指令下级人民检察院纠正。

赔偿请求人向上级人民检察院反映下级人民检察院在办理国家赔偿案件中存在违法行为的，上级人民检察院应当受理，并依法、及时处理。对依法应予赔偿而拒不赔偿，或者打击报复赔偿请求人的，应当依照有关规定追究相关领导和其他直接责任人员的责任。

第二章　立　案

第六条 赔偿请求人提出赔偿申请的，人民检察院应当受理，并接收下列材料：

（一）刑事赔偿申请书。刑事赔偿申请书应当载明受害人的基本情况，具体要求、事实根据和理由，申请的时间。赔偿请求人书写申请书确有困难的，可以委托他人代书；也可以口头申请。口头提出申请的，应当问明有关情况并制作笔录，由赔偿请求人签名或者盖章。

（二）赔偿请求人和代理人的身份证明材料。赔偿请求人不是受害人本人的，应当要求其说明与受害人的关系，并提供相应证明。赔偿请求人委托他人代理赔偿申请事项的，应当要求其提交授权委托书，以及代理人和被代理人身份证明原件。代理人为律师的，应当同时提供律师执业证及律师事务所介绍函。

（三）证明原案强制措施的法律文书。

（四）证明原案处理情况的法律文书。

（五）证明侵权行为造成损害及其程度的法律文书或者其他材料。

（六）赔偿请求人提供的其他相关材料。

赔偿请求人或者其代理人当面递交申请书或者其他申请材料的，人民检察院应当当场出具加盖本院专用印章并注明收讫日期的《接收赔偿申请材料清单》。申请材料不齐全的，应当当场或者在五日内一次性明确告知赔偿请求人需要补充的全部相关材料。

第七条 人民检察院收到赔偿申请后，国家赔偿工作办公室应当填写《受理赔偿申请登记表》。

第八条 同时符合下列各项条件的赔偿申请，应当立案：

（一）依照国家赔偿法第十七条第一项、第二项规定请求人身自由权赔偿的，已决定撤销案件、不起诉或者判决宣告无罪终止追究刑事责任；依照国家赔偿法第十七条第四项、第五项规定请求生命健康权赔偿的，有伤情、死亡证明；依照国家赔偿法第十八条第一项规定请求财产权赔偿的，刑事诉讼程序已经终结，但已查明该财产确与案件无关的除外；

（二）本院为赔偿义务机关；

（三）赔偿请求人具备国家赔偿法第六条规定的条件；

（四）在国家赔偿法第三十九条规定的请求赔偿时效内；

（五）请求赔偿的材料齐备。

第九条 对符合立案条件的赔偿申请，人民检察院应当立案，并在收到赔偿申请之日起五日内，将《刑事赔偿立案通知书》送达赔偿请求人。

立案应当经部门负责人批准。

第十条 对不符合立案条件的赔偿申请，应当分别下列不同情况予以处理：

（一）尚未决定撤销案件、不起诉或者判决宣告无罪终止追究刑事责任而请求人身自由权赔偿的，没有伤情、死亡证明而请求生命健康权赔偿的，刑事诉讼程序尚未终结而请求财产权赔偿的，告知赔偿请求人不符合立案条件，可在具备立案条件后再申请赔偿；

（二）不属于人民检察院赔偿的，告知赔偿请求人向负有赔偿义务的机关提出；

（三）本院不负有赔偿义务的，告知赔偿请求人向负有赔偿义务的人民检察院提出，或者移送负有赔偿义务的人民检察院，并通知赔偿请求人；

（四）赔偿请求人不具备国家赔偿法第六条规定条件的，告知赔偿请求人；

（五）对赔偿请求已过法定时效的，告知赔偿请求人已经丧失请求赔偿权。

对上列情况，均应当填写《审查刑事赔偿申请通知书》，并说明理由，在收到赔偿申请之日起五日内送达赔偿请求人。

第十一条 当事人、其他直接利害关系人或者其近亲属认为人民检察院扣押、冻结、保管、处理涉案款物侵犯自身合法权益或者有违法情形，向人民检察院投诉，并在刑事诉讼程序终结后又申请刑事赔偿的，尚未办结的投诉程序应当终止，负责办理投诉的部门应当将相关材料移交被请求赔偿的人民检察院国家赔偿工作办公室，依照刑事赔偿程序办理。

第三章　审查决定

第十二条　对已经立案的赔偿案件应当全面审查案件材料，必要时可以调取有关的案卷材料，也可以向原案件承办部门和承办人员等调查、核实有关情况，收集有关证据。原案件承办部门和承办人员应当协助、配合。

第十三条　对请求生命健康权赔偿的案件，人民检察院对是否存在违法侵权行为尚未处理认定的，国家赔偿工作办公室应当在立案后三日内将相关材料移送本院监察部门和渎职侵权检察部门，监察部门和渎职侵权检察部门应当在三十日内提出处理认定意见，移送国家赔偿工作办公室。

第十四条　审查赔偿案件，应当查明以下事项：

（一）是否存在国家赔偿法规定的损害行为和损害结果；

（二）损害是否为检察机关及其工作人员行使职权造成；

（三）侵权的起止时间和造成损害的程度；

（四）是否属于国家赔偿法第十九条规定的国家不承担赔偿责任的情形；

（五）其他需要查明的事项。

第十五条　人民检察院作出赔偿决定，应当充分听取赔偿请求人的意见，并制作笔录。

第十六条　对存在国家赔偿法规定的侵权损害事实，依法应当予以赔偿的，人民检察院可以与赔偿请求人就赔偿方式、赔偿项目和赔偿数额，依照国家赔偿法有关规定进行协商，并制作笔录。

人民检察院与赔偿请求人进行协商，应当坚持自愿、合法原则。禁止胁迫赔偿请求人放弃赔偿申请，禁止违反国家赔偿法规定进行协商。

第十七条　对审查终结的赔偿案件，应当制作赔偿案件审查终结报告，载明原案处理情况、赔偿请求人意见和协商情况，提出是否予以赔偿以及赔偿的方式、项目和数额等具体处理意见，经部门集体讨论、负责人审核后，报检察长决定。重大、复杂案件，由检察长提交检察委员会审议决定。

第十八条　审查赔偿案件，应当根据下列情形分别作出决定：

（一）请求赔偿的侵权事项事实清楚，应当予以赔偿的，依法作出赔偿的决定；

（二）请求赔偿的侵权事项事实不存在，或者不属于国家赔偿范围的，依法作出不予赔偿的决定。

第十九条　办理赔偿案件的人民检察院应当自收到赔偿申请之日起二个月内，作出是否赔偿的决定，制作《刑事赔偿决定书》，并自作出决定之日起十日内送达赔偿请求人。

人民检察院与赔偿请求人协商的，不论协商后是否达成一致意见，均应当制作《刑事赔偿决定书》。

人民检察院决定不予赔偿的，应当在《刑事赔偿决定书》中载明不予赔偿的理由。

第二十条　人民检察院送达刑事赔偿决定书，应当向赔偿请求人说明法律依据和事实证据情况，并告知赔偿请求人如对赔偿决定有异议，可以自收到决定书之日起三十日内向上一级人民检察院申请复议；如对赔偿决定没有异议，要求依照刑事赔偿决定书支付赔偿金的，应当提出支付赔偿金申请。

第四章　复　议

第二十一条　人民检察院在规定期限内未作出赔偿决定的，赔偿请求人可以自期限届满之日起三十日内向上一级人民检察院申请复议。

人民检察院作出不予赔偿决定的，或者赔偿请求人对赔偿的方式、项目、数额有异议的，赔偿请求人可以自收到人民检察院作出的赔偿或者不予赔偿决定之日起三十日内，向上一级人民检察院申请复议。

第二十二条 人民检察院收到复议申请后，应当及时进行审查，分别不同情况作出处理：

（一）对符合法定条件的复议申请，复议机关应当受理；

（二）对超过法定期间提出的，复议机关不予受理；

（三）对申请复议的材料不齐备的，告知赔偿请求人补充有关材料。

第二十三条 复议赔偿案件可以调取有关的案卷材料。对事实不清的，可以要求原承办案件的人民检察院补充调查，也可以自行调查。对损害事实及因果关系、重要证据有争议的，应当听取赔偿请求人和赔偿义务机关的意见。

第二十四条 对审查终结的复议案件，应当制作赔偿复议案件的审查终结报告，提出具体处理意见，经部门集体讨论、负责人审核，报检察长决定。重大、复杂案件，由检察长提交检察委员会审议决定。

第二十五条 复议赔偿案件，应当根据不同情形分别作出决定：

（一）原决定事实清楚，适用法律正确，赔偿方式、项目、数额适当的，予以维持；

（二）原决定认定事实或者适用法律错误的，予以纠正，赔偿方式、项目、数额不当的，予以变更；

（三）赔偿义务机关逾期未作出决定的，依法作出决定。

第二十六条 人民检察院应当自收到复议申请之日起二个月内作出复议决定。

复议决定作出后，应当制作《刑事赔偿复议决定书》，并自作出决定之日起十日内直接送达赔偿义务机关和赔偿请求人。直接送达赔偿请求人有困难的，可以委托其所在地的人民检察院代为送达。

第二十七条 人民检察院送达刑事赔偿复议决定书，应当向赔偿请求人说明法律依据和事实证据情况，并告知赔偿请求人如对赔偿复议决定有异议，可以自收到复议决定之日起三十日内向复议机关所在地的同级人民法院赔偿委员会申请作出赔偿决定；如对赔偿复议决定没有异议，要求依照复议决定书支付赔偿金的，应当提出支付赔偿金申请。

第二十八条 人民检察院复议赔偿案件，实行一次复议制。

第五章 赔偿监督

第二十九条 赔偿请求人或者赔偿义务机关不服人民法院赔偿委员会作出的刑事赔偿决定或者民事、行政诉讼赔偿决定，以及人民法院行政赔偿判决、裁定，向人民检察院申诉的，人民检察院应当受理。

第三十条 最高人民检察院发现各级人民法院赔偿委员会作出的决定，上级人民检察院发现下级人民法院赔偿委员会作出的决定，具有下列情形之一的，应当自本院受理之日起三十日内立案：

（一）有新的证据，可能足以推翻原决定的；

（二）原决定认定事实的主要证据可能不足的；

（三）原决定适用法律可能错误的；

（四）违反程序规定、可能影响案件正确处理的；

（五）有证据证明审判人员在审理该案时有贪污受贿、徇私舞弊、枉法处理行为的。

下级人民检察院发现上级或者同级人民法院赔偿委员会作出的赔偿决定具有上列情形之一的，经检察长批准或者检察委员会审议决定后，层报有监督权的上级人民检察院审查。

第三十一条 人民检察院立案后，应当在五日内将《赔偿监督立案通知书》送达赔偿请求人和赔偿义务机关。

立案应当经部门负责人批准。

人民检察院决定不立案的，应当在五日内将《赔偿监督申请审查结果通知书》送达提出申诉的赔偿请求人或者赔偿义务机关。赔偿请求人或者赔偿义务机关不服的，可以向作出决定的人民检察院或者上一级人民检察院申诉。人民检察院应当在收到申诉之日起十日内予以答复。

第三十二条 对立案审查的案件，应当全面审查申诉材料和全部案卷。

具有下列情形之一的，可以进行补充调查：

（一）赔偿请求人由于客观原因不能自行收集的主要证据，向人民法院赔偿委员会提供了证据线索，人民法院未进行调查取证的；

（二）赔偿请求人和赔偿义务机关提供的证据互相矛盾，人民法院赔偿委员会未进行调查核实的；

（三）据以认定事实的主要证据可能是虚假、伪造的；

（四）审判人员在审理该案时可能有贪污受贿、徇私舞弊、枉法处理行为的。

对前款第一至三项规定情形的调查，由本院国家赔偿工作办公室或者指令下级人民检察院国家赔偿工作办公室进行。对第四项规定情形的调查，应当根据人民检察院内部业务分工，由本院主管部门或者指令下级人民检察院主管部门进行。

第三十三条　对审查终结的赔偿监督案件，应当制作赔偿监督案件审查终结报告，载明案件来源、原案处理情况、申诉理由、审查认定的事实，提出处理意见。经部门集体讨论、负责人审核，报检察长决定。重大、复杂案件，由检察长提交检察委员会讨论决定。

第三十四条　人民检察院审查终结的赔偿监督案件，具有下列情形之一的，应当依照国家赔偿法第三十条第三款的规定，向同级人民法院赔偿委员会提出重新审查意见：

（一）有新的证据，足以推翻原决定的；

（二）原决定认定事实的主要证据不足的；

（三）原决定适用法律错误的；

（四）违反程序规定、影响案件正确处理的；

（五）作出原决定的审判人员在审理该案时有贪污受贿、徇私舞弊、枉法处理行为的。

第三十五条　人民检察院向人民法院赔偿委员会提出重新审查意见的，应当制作《重新审查意见书》，载明案件来源、基本案情以及要求重新审查的理由、法律依据。

第三十六条　《重新审查意见书》副本应当在作出决定后十日内送达赔偿请求人和赔偿义务机关。

人民检察院立案后决定不提出重新审查意见的，应当在作出决定后十日内将《赔偿监督案件审查结果通知书》，送达赔偿请求人和赔偿义务机关。赔偿请求人或者赔偿义务机关不服的，可以向作出决定的人民检察院或者上一级人民检察院申诉。人民检察院应当在收到申诉之日起十日内予以答复。

第三十七条　对赔偿监督案件，人民检察院应当在立案后三个月内审查办结，并依法提出重新审查意见。属于特别重大、复杂的案件，经检察长批准，可以延长二个月。

第三十八条 人民检察院对人民法院行政赔偿判决、裁定提出抗诉，适用《人民检察院民事行政抗诉案件办案规则》等规定。

第六章 执 行

第三十九条 负有赔偿义务的人民检察院负责赔偿决定的执行。

支付赔偿金的，由国家赔偿工作办公室办理有关事宜；返还财产或者恢复原状的，由国家赔偿工作办公室通知原案件承办部门在二十日内执行，重大、复杂的案件，经检察长批准，可以延长十日。

第四十条 赔偿请求人凭生效的《刑事赔偿决定书》、《刑事赔偿复议决定书》或者《人民法院赔偿委员会决定书》，向负有赔偿义务的人民检察院申请支付赔偿金。

支付赔偿金申请采取书面形式。赔偿请求人书写申请书确有困难的，可以委托他人代书；也可以口头申请，由负有赔偿义务的人民检察院记入笔录，并由赔偿请求人签名或者盖章。

第四十一条 负有赔偿义务的人民检察院应当自收到赔偿请求人支付赔偿金申请之日起七日内，依照预算管理权限向有关的财政部门提出支付申请。向赔偿请求人支付赔偿金，依照国务院制定的国家赔偿费用管理有关规定办理。

第四十二条 对有国家赔偿法第十七条规定的情形之一，致人精神损害的，负有赔偿义务的人民检察院应当在侵权行为影响的范围内，为受害人消除影响，恢复名誉，赔礼道歉；造成严重后果的，应当支付相应的精神损害抚慰金。

第七章 其他规定

第四十三条 人民检察院应当依照国家赔偿法的有关规定参与人民法院赔偿委员会审理工作。

第四十四条 人民检察院在办理外国公民、法人和其他组织请求中华人民共和国国家赔偿的案件时，案件办理机关应当查明赔偿请求人所属国是否对中华人民共和国公民、法人和其他组织要求该国国家赔偿的权利不予保护或者限制。

地方人民检察院需要查明涉外相关情况的，应当逐级层报，统一由最高人民检察院国际合作部门办理。

第四十五条 人民检察院在办理刑事赔偿案件时，发现检察机关原刑事案件处理决定确有错误，影响赔偿请求人依法取得赔偿的，应当由刑事申诉检察部门立案复查，提出审查处理意见，报检察长或者检察委员会决定。刑事复查案件应当在三十日内办结；办理刑事复查案件和刑事赔偿案件的合计时间不得超过法定赔偿办案期限。

人民检察院在办理本院为赔偿义务机关的案件时，改变原决定、可能导致不予赔偿的，应当报请上一级人民检察院批准。

对于犯罪嫌疑人没有违法犯罪行为的，或者犯罪事实并非犯罪嫌疑人所为的案件，人民检察院根据刑事诉讼法第一百四十二条第一款的规定作不起诉处理的，应当在刑事赔偿决定书或者复议决定书中直接说明该案不属于国家免责情形，依法作出予以赔偿的决定。

第四十六条 人民检察院在办理本院为赔偿义务机关的案件时或者作出赔偿决定以后，对于撤销案件、不起诉案件或者人民法院宣告无罪的案件，重新立案侦查、提起公诉、提出抗诉的，应当报请上一级人民检察院批准，正在办理的刑事赔偿案件应当中止办理。经人民法院终审判决有罪的，正在办理的刑事赔偿案件应当终结；已作出赔偿决定的，应当由作出赔偿决定的机关予以撤销，已支付的赔偿金应当追缴。

第四十七条 依照本规定作出的《刑事赔偿决定书》、《刑事赔偿复议决定书》、《重新审查意见书》均应当加盖人民检察院院印，并于十日内报上一级人民检察院备案。

第四十八条 人民检察院赔偿后，根据国家赔偿法第三十一条的规定，应当向有下列情形之一的检察人员追偿部分或者全部赔偿费用：

（一）刑讯逼供或者殴打、虐待等或者唆使、放纵他人殴打、虐待等造成公民身体伤害或者死亡的；

（二）违法使用武器、警械造成公民身体伤害或者死亡的；

（三）在处理案件中有贪污受贿、徇私舞弊、枉法追诉行为的。

对有前款规定情形的责任人员，人民检察院应当依照有关规定给予处分；构成犯罪的，应当依法追究刑事责任。

第四十九条 人民检察院办理国家赔偿案件、开展赔偿监督，不得向赔偿请求人或者赔偿义务机关收取任何费用。

第八章 附 则

第五十条 本规定自 2010 年 12 月 1 日起施行，2000 年 11 月 6 日最高人民检察院第九届检察委员会第七十三次会议通过的《人民检察院刑事赔偿工作规定》同时废止。

第五十一条 本规定由最高人民检察院负责解释。

附 录

人民法院人民检察院刑事赔偿典型案例

（摘自中华人民共和国最高人民法院网站）

目 录

案例 1

程锡华申请大观区人民法院再审无罪国家赔偿案

（一）案情摘要

2006 年 4 月 27 日，安徽省安庆机床有限公司原董事长、总经理程锡华因涉嫌贪污罪被安庆市大观区人民检察院刑事拘留，同年

5 月 11 日被决定逮捕，同月 30 日被取保候审。2007 年 7 月 31 日，大观区人民法院认定程锡华犯职务侵占罪，判决免予刑事处罚。程锡华未提出上诉，判决生效。2011 年 7 月 6 日，安庆市中级人民法院再审判决程锡华无罪。

（二）处理结果

程锡华以无罪被羁押 34 天为由，向大观区人民法院提出国家赔偿申请，大观区人民法院逾期未作决定。程锡华向安庆市中级人民法院赔偿委员会申请作出赔偿决定。2014 年 7 月 23 日，安庆市中级人民法院赔偿委员会以大观区人民法院判决免予刑事处罚，未实际侵犯人身自由权为由，决定驳回程锡华的国家赔偿申请。程锡华向安庆市人民检察院提出赔偿监督申请。安庆市人民检察院认为该国家赔偿决定书适用法律错误，遂提请安徽省人民检察院依法监督。2015 年 6 月 19 日，安徽省人民检察院依据国家赔偿法第三十条第三款之规定，向安徽省高级人民法院赔偿委员会提出重新审查意见。2015 年 9 月 6 日，安徽省高级人民法院赔偿委员会作出赔偿决定：撤销安庆市中级人民法院赔偿委员会的国家赔偿决定；安庆市大观区人民法院支付程锡华人身自由赔偿金 7470.48 元；安庆市大观区人民法院在侵权影响范围内，为程锡华恢复名誉，并支付精神损害抚慰金 1200 元。

（三）典型意义

本案是关于赔偿义务机关后置设定的案件。本案中，安庆市中级人民法院赔偿委员会作出决定时，仅评价免予刑事处罚未实际侵犯程锡华人身自由权，未对前期的拘留、逮捕羁押行为进行评价，不符合国家赔偿法第二十一条确定的后置吸收赔偿原则。安徽省人民检察院依法提出监督意见，安徽省高级人民法院赔偿委员会依法纠正原违法不当的赔偿决定，维护了赔偿请求人程锡华的合法权益，实现了较好的法律效果和社会效果。

案例 2

蒙庆争申请青秀区人民检察院无罪逮捕国家赔偿案

（一）案情摘要

2013 年 4 月 5 日，蒙庆争因涉嫌盗窃罪被南宁市公安局南湖分局刑事拘留，同月 28 日，被南宁市青秀区人民检察院批准逮捕。同年 6 月 27 日，南宁市公安局南湖分局移送青秀区人民检察院审查起诉。2014 年 1 月 9 日，青秀区人民检察院以事实不清、证据不足为由，依据刑事诉讼法第一百七十一条第四款的规定，决定对蒙庆争不起诉。

（二）处理结果

2014 年 2 月 8 日，蒙庆争以无罪逮捕被错误关押为由，向青秀区人民检察院提出国家赔偿申请。青秀区人民检察院认为，蒙庆争在审查批捕阶段做了虚假供述，承认其在公安机关所作供述是真实的，导致作出批捕决定，属于国家赔偿法第十九条第一款规定的情形，决定不予赔偿。蒙庆争向南宁市人民检察院提出复议。2014 年 6 月 13 日，南宁市人民检察院作出复议决定，认为公安机关提取证据存在瑕疵，在此期间蒙庆争所作的有罪供述应予排除，不应认定为其故意作虚假供述，蒙庆争请求赔偿的事项属于国家赔偿法第十七条第二款规定的赔偿范围；决定撤销青秀区人民检察院刑事赔偿决定书，青秀区人民检察院支付蒙庆争人身自由赔偿金 55992.51 元。

（三）典型意义

本案是关于免责条款适用的国家赔偿案件。本案中，赔偿请求人蒙庆争提出赔偿申请后，赔偿义务机关南宁市青秀区人民检察院认为，蒙庆争在审查批捕阶段做了虚假有罪供述，导致作出批捕决定，属于国家赔偿法第十九条第一项规定的情形。上述认定忽视了有罪供述与故意作虚伪供述在认识因素和意志因素等方面的重要区别。即，青秀区人民检察院不能把曾经作过有罪供述一概认定为故意作虚伪供述，只有查明行为人主观上确实出于故意，并作出了与客观真相相反的供述，才能依法认定为故意作虚伪供述。在实践中，赔偿义务机关主张依据国家赔偿法第十九条第一项的情形免除赔偿责任的，应当就该免责事由的成立承担举证责任。

案例3

朱升机申请徐闻县人民检察院无罪逮捕国家赔偿案

（一）案情摘要

2012年7月17日，朱升机因涉嫌故意伤害罪被徐闻县公安局刑事拘留，同月27日被徐闻县人民检察院批准逮捕。同年8月3日，徐闻县公安局将该案移送徐闻县人民检察院审查起诉，同月20日，徐闻县人民检察院向徐闻县人民法院提起公诉。2013年1月10日，徐闻县人民检察院撤回起诉，同月11日，徐闻县人民法院裁定准许徐闻人民检察院撤回起诉，同月21日，徐闻县公安局向徐闻县人民检察院申请撤回该案，同月22日，徐闻县人民检察院同意徐闻县公安局撤回案件。同年2月8日，徐闻县公安局对朱升机变更强制措施为取保候审。

（二）处理结果

2014年7月17日，朱升机向徐闻县人民检察院提出国家赔偿申请，认为该院违法行使职权，对其合法权益造成损害。同月21日，徐闻县人民检察院以公安机关尚未撤销朱升机涉嫌故意伤害案，刑事诉讼程序未终结，不符合国家赔偿立案条件为由，决定不予立案。同年10月13日，朱升机向湛江市人民检察院申请复议。2014年12月12日，湛江市人民检察院作出复议决定，认为根据《人民检察院刑事诉讼规则（试行）》第459条的规定，徐闻县人民检察院以"事实、证据有变化"为由向徐闻县人民法院撤回对朱升机涉嫌故意伤害罪一案的起诉，应当在撤回起诉后三十日以内对朱升机作出不起诉决定。徐闻县人民检察院逾期没有依法对朱升机作出不起诉决定，根据法律规定，可视为本案刑事诉讼程序已经终结。徐闻县人民检察院认为本案刑事诉讼程序尚未终结，朱升机的赔偿申请不符合国家赔偿条件的决定不当；并决定徐闻县人民检察院支付朱升机人身自由赔偿金 41542.83 元；徐闻县人民检察院在侵权行为影响的范围内，为朱升机消除影响、恢复名誉、赔礼道歉。

（三）典型意义

本案是关于认定撤回起诉后终止追究刑事责任的国家赔偿案件。本案中，赔偿请求人朱升机被变更强制措施为取保候审，期满后超过一年多的时间，原案仍未依法作出终结性结论，导致不能启动国家赔偿程序。复议机关湛江市人民检察院依法认定原案刑事诉讼程序已视为终结，并及时作出复议决定，保障了赔偿请求人依法取得国家赔偿的权利，对于规范执法行为也发挥了积极的引导和促进作用。案件处理符合此次发布的《最高人民法院、最高人民检察院关于办理刑事赔偿案件适用法律若干问题的解释》精神。

案例 4

胡电杰申请濮阳市中级人民法院重审无罪国家赔偿案

（一）案情摘要

胡电杰因涉嫌故意杀人罪于 2002 年 3 月 23 日被刑事拘留，同年 4 月 17 日被逮捕。在检察机关提起公诉后，濮阳市中级人民法院（下称濮阳中院）以犯故意杀人罪四次判处胡电杰死刑、缓期二年执行，但均被二审法院撤销原判，发回重审。在第四次重审期间，检察机关于 2010 年 12 月 29 日决定撤回起诉，濮阳中院裁定予以准许。获准撤诉后，检察机关又将案件退回公安机关补充侦查，公安机关随即将胡电杰释放并变更强制措施为监视居住。2011 年 7 月 19 日监视居住期满后，胡电杰未再被采取强制措施，实际被羁押 3225 天。

（二）处理结果

胡电杰于 2011 年 12 月 13 日向濮阳中级法院申请国家赔偿，该院不予受理。胡电杰向河南省高级人民法院赔偿委员会申请作出国家赔偿决定，该院赔偿委员会认为刑事案件发回重审过程中，检察机关撤回起诉后，没有在法定期限内再行起诉的，赔偿请求人有权依法申请国家赔偿，据此决定撤销濮阳中院不予受理案件通知，指令该院予以受理。濮阳中院受理后认为，"申请刑事赔偿要以刑事诉讼程序终结为先决条件……胡电杰是在刑事诉讼程序中因羁押期限内不能结案被释放，并因其案件不能在法定期限内办结，需要继续侦查被监视居住，后因监视居住期间届满又被解除监视居住，不能确认胡电杰所涉及的刑事案件程序已经终结，也不能确认胡电杰与其涉及的刑事案件无关。胡电杰不符合申请国家赔偿的条件。"据此，该院于 2013 年 3 月 21 日作出（2012）濮中法赔字第 3 号决定，驳回胡电杰的国家赔偿申请。胡电杰再次申请河南省高级人民法院赔偿委员会作出国家赔偿决定，该院赔偿委员会审理后于 2015 年 11 月 16 日作出决定：一、撤销濮阳中院（2012）濮中法赔字第 3 号决定书；二、濮阳中院按照 2014 年度国家职工日平均工资标准（219.72 元）赔偿胡电杰被羁押 3225 天的赔偿金 70.8597 万元；三、濮阳中院赔偿胡电杰精神损害抚慰金 15 万元；四、濮阳中院在胡电杰户籍所在乡以公告形式为其消除影响、恢复名誉、赔礼道歉。

（三）典型意义

本案是关于发回重审后被认定构成终止追究刑事责任情形的国家赔偿案件。本案中，胡电杰因涉嫌故意杀人罪被刑事拘留、逮捕，四次被以犯故意杀人罪判处死刑、缓期二年执行，但均被二审法院撤销原判，发回重审。在第四次重审期间，检察机关撤回起诉获得准许后，又将案件退回公安机关补充侦查，公安机关随后将胡电杰释放并变更强制措施为监视居住，监视居住期满后也未再采取强制措施。从保护公民合法权益的宗旨出发，重审期间濮阳中院准许检察机关撤回对胡电杰的起诉，此后检察机关长达数年未重新起诉，应认定为对胡电杰的刑事诉讼程序已经终结，胡电杰有权申请国家赔偿。濮阳中院处理自赔案件中以"不能确认胡电杰所涉及的刑事案件程序已经终结，也不能确认胡电杰与其涉及的刑事案件无关"为由驳回胡电杰的赔偿申请，使胡电杰陷入刑事案件终结无期，申请赔偿受理无望的程序困境。河南省高级人民法院对此予以纠正，为遭遇程序梗阻不能获得国家赔偿的公民提供了有效的程序救济和权利保障，与《司法解释》关于认定"属于终止追究刑事责任情形"的规定一致，体现了国家赔偿法救济权利、保障人权、规范公权的立法精神。

案例 5

杨素琴、王有申申请辽中县人民检察院刑事违法扣押国家赔偿案

（一）案情摘要

1992 年 7、8 月间，王守成（已故，系共同赔偿请求人杨素琴的丈夫、王有申的父亲。）与辽中县肖寨门供销社口头达成承包经营该社废旧物收购站的协议，双方约定了经营范围、方式、纳税及利润分配等问题，明确由辽宁省辽中县肖寨门供销社提供经营执照及银行账户，其后王守成按约定交纳了销售额的 3%。1993 年 4 月 3 日，辽宁省辽中县人民检察院（以下简称辽中县检察院）以王守成涉嫌偷税为由对其刑事拘留，同月 17 日决定对其取保候审并予以释放。王守成被限制人身自由 15 天。经辽中县检察院委托沈阳市税务咨询事务所鉴定，认定王守成属无证经营，其行为构成偷税。1994 年 3 月 3 日，辽中县人民检察院向辽中县人民法院提起公诉。同年 6 月 6 日，辽中县人民法院以事实不清、证据不足为由，退回辽中县人民检察院补充侦查。经补充侦查，辽中县检察院认为王守成不是独立纳税人，非纳税主体，纳税申报应是作为企业法人的供销社的义务，因此王守成不能被认为无证经营，亦不构成偷税罪，决定撤销此案。王守成向辽中县人民检察院申请退回收缴的税款，该院以已经上缴税务机关为由不予退还。2007 年 7 月 13 日，王守成病故。其后，王守成的妻子杨素琴作为王守成的继承人向辽中县检察院申请国家赔偿。另，王守成涉嫌偷税案侦办过程中，辽中县人民检察院先后三次从辽中县肖寨门供销社账户扣划的 125681 元为王守成所有。辽中县检察院先后七次共扣押、扣划王守成 168681 元，除去退还 7500 元，共有 161181 元未返还。

（二）处理结果

辽中县检察院作出辽检刑赔字【2012】1 号刑事赔偿决定，决定返还扣押的税款 47500 元；赔偿王守成被羁押期间的误工费 2439.75 元。杨素琴不服，向沈阳市人民检察院申请复议，沈阳市人民检察院逾期未作决定，杨素琴遂向沈阳市中级人民法院赔偿委员会申请作出赔偿决定。该院作出（2013）沈中委赔字第 4 号决定，维持辽中县检察院赔偿王守成被羁押期间的误工费 2439.75 元、返还扣押的税款 47500 元的决定；增加返还杨素琴 47500 元的利息和精神损害抚慰金 1000 元。杨素琴向辽宁省高级人民法院提出申诉，辽宁省高级人民法院赔偿委员会（2013）辽法委赔监字第 30 号驳回申诉通知驳回了杨素琴申诉。其后，最高人民法院赔偿委员会作出（2014）赔监字第 25 号决定，决定对本案进行直接审理，并作出（2014）赔监字第 25 号国家赔偿决定，维持辽中县检察院赔偿王守成人身自由赔偿金 2439.75 元和精神损害抚慰金 1000 元的决定；决定由辽中县检察院赔偿杨素琴、王有申 161181 元及利息。

（三）典型意义

本案是关于刑事违法扣押赔偿的案件。辽中县检察院在侦查王守成偷税案时扣押了其钱款，后因不构成偷税罪而撤销案件，但当时划扣的钱款一直未予返还。此种情形，即刑事案件终结后，办案机关不予返还扣押财产，属于国家赔偿法第十八条规定的侵犯财产权的刑事赔偿范围。本案检察机关以收缴的财产已上缴税务机关为由不予返还，理由不能成立。本案的处理，与《司法解释》第三条的规定精神一致，体现了国家赔偿法保护合法财产权利的权利救济法本质，也体现了规范公权力行使的国家治理功能。

案例 6

陈伟国、刘钱德申请桐庐县公安局违法刑事拘留国家赔偿案

（一）案情摘要

2010年10月1日晚，原浙江省桐庐县金大笔业有限公司董事长杨永平因行车问题，在其公司大门口与桐庐县分水镇胡群力等人发生纠纷。双方因口角不合，从言语争执发展到肢体冲突。杨永平叫来员工叶林华、陈伟国、刘钱德等人，对胡群力等人进行滋事殴打。经鉴定，胡群力等人被殴打致轻伤、轻微伤不等。2010年10月2日，陈伟国、刘钱德因涉嫌殴打他人被传唤至桐庐县公安局分水派出所。10月3日，桐庐县公安局将杨永平等人寻衅滋事行为刑事立案，并于同日决定对陈伟国、刘钱德刑事拘留。2010年10月6日，桐庐县公安局在进一步侦查后，以证据不足为由解除对陈伟国、刘钱德的刑事强制措施，并撤销对二人的刑事立案。

（二）处理结果

杭州市中级人民法院赔偿委员会经审理认为，根据《中华人民共和国刑法》第二百九十三条之规定，寻衅滋事罪的客观要件为："（一）随意殴打他人，情节恶劣的；……"据此规定，情节恶劣的殴打他人的行为构成寻衅滋事罪。根据《中华人民共和国刑事诉讼法》第六十一条（注：修正后为第八十条）第（二）项之规定，公安机关对于现行犯或者重大嫌疑分子，如果有被害人或者在场亲眼看见的人指认他犯罪的，可以先行刑事拘留，即先行拘留须以被拘留人系现行犯或重大嫌疑分子为前提。本案中，陈伟国、刘钱德不属于上述情形，因而桐庐县公安局将陈伟国、刘钱德刑事拘留主要证据不足，该刑事拘留决定违反了《中华人民共和国刑事诉讼法》的规定，应当承担赔偿责任。决定：一、分别撤销赔偿义务机关桐庐县公安局的刑事赔偿决定和杭州市公安局的刑事赔偿复议决定。二、赔偿义务机关桐庐县公安局赔偿侵犯陈伟国、刘钱德人身自由权 4 天的赔偿金。

（三）典型意义

本案是关于违法刑事拘留审查判断标准的国家赔偿案件。人民法院赔偿委员会在审查判断刑事拘留决定是否违法时，既要对办案机关采取强制措施的程序是否合法进行审查，也要对采取该强制措施的条件是否合法进行实质审查。根据刑事诉讼法的规定，公安机关对于现行犯或者重大嫌疑分子，如果有被害人或者在场亲眼看见的人指认他犯罪的，可以先行拘留。本案中，人民法院赔偿委员会经实质审查，认为陈伟国、刘钱德不属于现行犯或重大嫌疑分子，桐庐县公安局将陈伟国、刘钱德刑事拘留主要证据不足，该刑事拘留决定违反了刑事诉讼法规定的条件。据此，受害人有取得国家赔偿的权利。

案例 7
黄兴申请福建省高级人民法院再审无罪国家赔偿案

（一）案情摘要

1998 年 3 月 2 日，福建省福州市人民检察院指控黄兴等人犯绑架罪、非法拘禁罪，向福建省福州市中级人民法院（以下简称福州中院）提起公诉。福州中院于 1998 年 11 月 6 日及 2000 年 4 月 11

日两次作出有罪判决。经福建省高级人民法院两次裁定发回重审，福州中院于 2002 年 8 月 22 日作出刑事附带民事判决，认定黄兴犯绑架罪，判处死刑，缓期二年执行，犯非法拘禁罪，判处有期徒刑三年，合并决定执行死刑，缓期二年执行。2006 年 11 月 25 日，福建省高级人民法院作出刑事附带民事裁定，驳回上诉，维持原判。因被告人及其亲属申诉，福建省高级人民法院经审查后提起再审。2015 年 5 月 29 日，福建省高级人民法院作出（2015）闽刑再终字第 3 号刑事附带民事判决，认定黄兴、不构成绑架罪，判决：一、维持原审关于非法拘禁罪部分的判决，即原审被告人黄兴犯非法拘禁罪，判处有期徒刑三年；二、撤销原审关于绑架罪部分的判决。黄兴于当日被释放。其后，黄兴以再审无罪为由，提出国家赔偿申请。

自 1996 年 6 月 2 日被羁押至 2015 年 5 月 29 日获释，黄兴共被完全限制人身自由 6936 天。扣除其因非法拘禁罪被判处的三年刑期后，其被完全限制人身自由天数为 5841 天。

（二）处理结果

在国家赔偿案件办理过程中，福建省高级人民法院与赔偿请求人黄兴就其提出的国家赔偿申请事项多次进行协商，通过协商，黄兴对国家赔偿的法定性、抚慰性表示理解与认同，对福建省高级人民法院在协调过程中进行的赔礼道歉，亦表示接受。为此，双方依法达成赔偿协议。福建省高级人民法院决定支付黄兴人身自由赔偿金 1283384.52 元，精神损害抚慰金 580000 元，共计 1863384.52 元，并在侵权行为影响的范围内为黄兴消除影响，恢复名誉。

（三）典型意义

本案是关于数罪并罚中个罪被改判无罪的国家赔偿案件。本案中，福建省高级人民法院的刑事附带民事判决，维持原审关于非法拘禁罪部分的判决，撤销原审关于绑架罪部分的判决。《中华人民共和国国家赔偿法》第十七条第三项规定，依照审判监督程序再审改判无罪，原判刑罚已经执行的，受害人有取得赔偿的权利。这一规定应理解为是针对具体个罪而言的，黄兴绑架罪被撤销，应当认定为属于再审改判无罪。因监禁期限超出再审判决确定的刑期，黄兴对超期监禁部分有取得国家赔偿的权利。

案例8

滕德刚申请吉林省四平监狱违法不作为国家赔偿案

（一）案情摘要

赔偿请求人滕德刚因犯盗窃、抢劫罪于 1996 年被判处有期徒刑 16 年，后在四平监狱服刑。1999 年 12 月 30 日，滕德刚与吴占海、刘显新、孟凡友（均为服刑人员）四人被临时安排组成一个相互监督的互包组，在该监区内的水泥生产加工场地做推煤工作。其间，滕德刚等三人与吴占海因发生口角。后四人擅离岗位到主控室休息。当日 5 时左右，吴占海趁滕德刚等三人熟睡之机，拿起室内砸煤用的铁钎，向滕德刚等三人头部连续击打数下，发现三人没有反应后，认为三人已死亡，遂从该二楼窗外铁梯爬到楼顶欲跳楼自杀。当日 5 时许，三人被发现受伤,，四平监狱管教员及其他监狱管理人员赶到现场后，组织对伤员进行了救治，并于当日 22 时 45 分，将吴占海抓获。滕德刚后经吉林三源司法鉴定所鉴定为：脑软化灶形成左侧肢体偏瘫，肌力四级，属七级伤残；颅脑缺损 160 平方厘米，属九级伤残。修复颅骨费用约 5,620 元至 21,000 元之间属合理。后吴占海被四平市中级人民法院以故意杀人罪判处死刑。

（二）处理结果

吉林省高级人民法院赔偿委员会审理认为，本案四平监狱劳动现场存在安全问题，监狱干警监管措施不到位，根据相关规定结合本案案情，可以确定四平监狱在监管上存在一定的不作为情形。根据国家赔偿法及相关规定，四平监狱应当承担一定比例的赔偿责任。因本案中滕德刚所受伤害系吴占海直接造成，另滕德刚在受伤前亦随同其他服刑人员擅自脱离推煤岗位，其自身亦有一定违规之处，故根据本案具体情况，吉林省高级人民法院赔偿委员会确定由四平监狱承担 30% 的监管不作为责任。决定由四平监狱向赔偿请求人滕德刚支付国家赔偿款总计人民币 136519.11 元。

（三）典型意义

本案是关于监狱管理机关怠于履行职责而承担国家赔偿责任的案件。监狱管理机关对其看管的服刑人员，具有法定的监管职责，如其怠于行使该职责，造成服刑人员的损害，即使损害系其他服刑人员的加害行为直接造成，监狱管理机关亦应就其不作为行为对造成损害结果所起的作用，结合其过错程度，承担一定比例的国家赔偿责任。

民航行政机关行政赔偿办法

中国民用航空总局令

第 157 号

《民航行政机关行政赔偿办法》已经 2005 年 12 月 13 日中国民用航空总局局务会议通过，现予公布，自 2006 年 1 月 23 日起施行。

中国民用航空总局局长

二〇〇五年十二月二十三日

第一章 总 则

第一条 为保障公民、法人和其他组织依法取得行政赔偿的权利，促进民航行政机关及其工作人员依法行使职权，保证民航行政机关依法、正确、及时处理行政赔偿案件，根据《中华人民共和国国家赔偿法》（以下简称国家赔偿法）以及国家其他有关法律、行政法规，制定本办法。

第二条 民航行政机关办理因民航行政机关及其工作人员违法

行使行政职权导致的行政赔偿，适用本办法。

第三条 民航行政机关负责法制工作的机构是民航行政机关行政赔偿的承办部门，履行下列职责：

（一）受理行政赔偿申请；

（二）审理行政赔偿案件，提出赔偿意见；

（三）拟定行政赔偿决定书等有关法律文书；

（四）办理行政复议附带行政赔偿案件、行政赔偿复议案件；

（五）执行生效的行政赔偿法律文书；

（六）对追偿提出处理意见；

（七）办理行政赔偿诉讼的应诉事项；

（八）办理与行政赔偿案件有关的其他事项。

第四条 办理赔偿案件应当遵循合法、公正、公开、及时的原则，坚持有错必纠。

第二章 赔偿范围

第五条 民航行政机关及其工作人员在行使行政职权时有下列侵犯人身权情形之一的，受害人有取得赔偿的权利：

（一）违法拘留公民或违法采取其他限制公民人身自由的行政强制措施的；

（二）非法拘禁或者以其他方法非法剥夺公民人身自由的；

（三）以殴打等暴力行为或者唆使他人以殴打等暴力行为造成公民身体伤害或者死亡的；

（四）违法使用武器、警械具造成公民身体伤害或者死亡的；

（五）造成公民身体伤害或者死亡的其他违法行为。

第六条 民航行政机关及其工作人员有下列违法行使行政职权，侵犯公民、法人或者其他组织财产权情形之一的，受害人有取得赔偿的权利：

（一）违法实施罚款；

（二）违法没收物品、运输工具或其他财产；

（三）违法扣留或吊销许可证、执照；

（四）违法责令停产停业；

（五）违法对生产设备、货物、物品、运输工具等财产采取扣押、查封等行政强制措施的；

（六）违法收取保证金、风险担保金、抵押物、质押物的；

（七）擅自使用扣押的货物、物品、运输工具或者其他财产，造成损失的；

（八）对扣押的货物、物品、运输工具或者其他财产不履行保管职责，严重不负责任，造成财物毁损、灭失的，但依法交由有关单位负责保管的情形除外；

（九）违法变卖财产或应当拍卖而未依法拍卖，或者有其他违法处理情形造成直接损失的；

（十）造成财产损害的其他违法行为。

第七条 属于下列情形之一的，民航行政机关不承担行政赔偿责任：

（一）民航行政机关工作人员与行使职权无关的个人行为；

（二）因公民、法人和其他组织自己的行为致使损害发生的；

（三）因不可抗力造成损害后果的；

（四）法律规定的其他情形。

因公民、法人和其他组织的过错致使损失扩大的，对扩大部分民航行政机关不承担赔偿责任。

第三章 赔偿请求人和赔偿义务机关

第八条 受害的公民、法人和其他组织有权要求赔偿。受害的公民死亡，其继承人和其他有扶养关系的亲属以及死者生前扶养的无劳动能力的人有权要求赔偿。受害的法人或者其他组织终止，承受其权利的法人或者其他组织有权要求赔偿。

第九条　赔偿请求人为无民事行为能力人或者限制民事行为能力人的，由其法定代理人或指定代理人代为要求赔偿。

第十条　民航行政机关及其工作人员违法行使行政职权侵犯公民、法人和其他组织的合法权益造成损害的，该民航行政机关为赔偿义务机关。

两个以上民航行政机关共同行使行政职权时侵犯公民、法人和其他组织的合法权益造成损害的，共同行使行政职权的民航行政机关为共同赔偿义务机关。

民航行政机关依法设立的派出机构行使行政职权侵犯公民、法人和其他组织的合法权益造成损害的，设立该派出机构的民航行政机关为赔偿义务机关。

受民航行政机关委托的组织或者个人在行使受委托的行政权力时侵犯公民、法人和其他组织的合法权益造成损害的，委托的民航行政机关为赔偿义务机关。

赔偿义务机关被撤销的，继续行使其职权的民航行政机关为赔偿义务机关；没有继续行使其职权的民航行政机关的，该民航行政机关的上一级民航行政机关或撤销该赔偿义务机关的行政机关为赔偿义务机关。

第十一条　经行政复议机关复议的，最初造成侵权行为的民航行政机关为赔偿义务机关，但复议机关的复议决定加重损害的，复议机关对加重的部分履行赔偿义务。

第四章　赔偿程序

第十二条　赔偿义务机关对依法确认有本办法第五条、第六条规定的情形之一，侵犯公民、法人或者其他组织合法权益的，应当给予赔偿。

第十三条 赔偿请求人要求行政赔偿应当先向赔偿义务机关提出，也可以在申请行政复议和提起行政诉讼时一并提出。

赔偿请求人可以向共同赔偿义务机关中的任何一个赔偿义务机关要求赔偿，该赔偿义务机关应当先予赔偿。赔偿请求人根据受到的不同损害，可以同时提出数项赔偿要求。

第十四条 赔偿请求人要求赔偿应当递交申请书，申请书应当载明下列事项：

（一）受害人的姓名、性别、年龄、工作单位和住所，受害人为法人或者其他组织的，应当写明法人或者其他组织的名称、住所和法定代表人或者主要负责人的姓名、职务；

（二）具体的要求、事实根据和理由；

（三）提出申请的年、月、日。

赔偿请求人书写申请书确有困难的，可以委托他人代书；赔偿请求人也可以口头申请。口头申请的，赔偿义务机关应当制作行政赔偿口头申请记录，并当场交由赔偿请求人签章确认。

第十五条 赔偿请求人委托代理人代为参加赔偿案件处理的，应当向民航行政机关出具委托书，委托书应当载明下列事项：

（一）委托人姓名（法人或者其他组织的名称、法定代表人的姓名、职务）、代理人姓名、性别、年龄、职业、地址及邮政编码；

（二）代理人在提起、变更、撤回赔偿请求、递交证据材料、收受法律文书等方面的代理权限；

（三）代理人参加赔偿案件处理的期间；

（四）委托日期及委托人、代理人签章。

第十六条 同赔偿案件处理结果有利害关系的其他公民、法人或者其他组织，可以作为第三人参加赔偿案件处理。

申请以第三人身份参加赔偿案件处理的,应当以书面形式提出,并对其与赔偿案件处理结果有利害关系负举证责任。赔偿义务机关认为必要时,也可以通知第三人参加。

第三人参加赔偿案件处理的,赔偿义务机关应当制作第三人参加行政赔偿案件处理通知书,并送达第三人和赔偿请求人。

第十七条 赔偿请求人要求赔偿时,应当提供符合受理条件的相应的证据材料。

本办法第八条第二款规定的赔偿请求人要求赔偿的,还应当提供公民死亡的证明及赔偿请求人与死亡公民之间的关系证明;本办法第八条第三款规定的赔偿请求人要求赔偿的,还应当提供原法人或者其他组织终止的证明,以及承受其权利的证明。

第十八条 赔偿义务机关收到赔偿申请后,应当在七个工作日内进行审查,分别作出以下处理:

(一)对不符合本办法规定,有下列情形之一的,决定不予受理,制作行政赔偿申请不予受理决定书,并送达赔偿请求人:

1. 赔偿请求人不是本办法第八条规定的有权要求赔偿的公民、法人和其他组织;

2. 不属于本办法第五条、第六条规定的行政赔偿范围;

3. 超过法定请求赔偿的期限,且无本办法第五十条第二款规定情形的;

4. 已向复议机关申请复议或者已向人民法院提起行政诉讼,复议机关或人民法院已经依法受理的;

5. 以民航行政机关制定发布的行政规章或者具有普遍约束力的规定、决定侵犯其合法权益造成损害为由,请求赔偿的。

(二)对未经依法确认违法的具体行政行为请求赔偿的,如该具体行政行为尚在法定的复议、诉讼期限内,应当书面告知申请人有权依法向上一级民航行政机关申请行政复议或者向人民法院提起行政诉讼，并可以一并提出赔偿请求；经告知后，申请人要求赔偿义务机关直接对侵权行为的违法性予以确认并作出赔偿决定的，赔偿义务机关应当予以受理。如该具体行政行为已超过法定的复议、诉讼期限，应当作为申诉案件处理，并书面通知当事人，原具体行政行为经申诉确认违法后，可以依法请求赔偿；

（三）对申请材料不齐备的，应当在审查期限内书面告知赔偿请求人补正材料；

（四）对符合本办法规定，但是本民航行政机关不是赔偿义务机关的，应当在审查期限内书面告知申请人向赔偿义务机关提出；

（五）对符合本办法有关规定且属于本民航行政机关受理的赔偿申请，决定受理，制作行政赔偿申请受理决定书并送达赔偿请求人。决定受理的，行政赔偿主管部门收到申请之日即为受理之日；经赔偿请求人补正材料后决定受理的，行政赔偿主管部门收到补正材料之日为受理之日。

第十九条 两个以上赔偿请求人对赔偿义务机关的同一行为分别提出赔偿申请的，赔偿义务机关可以并案审理，并以收到后一个申请的日期为正式受理的日期。

第二十条 对赔偿请求人依法提出的赔偿申请，赔偿义务机关无正当理由不予受理的，上一级民航行政机关应当责令其受理，并制作责令受理行政赔偿申请通知书。

第二十一条 赔偿案件审理一般采用书面审查的办法。赔偿请求人提出要求或者行政赔偿主管部门认为有必要时，可以向有关组织和人员调查情况，听取赔偿请求人、第三人的意见。

第二十二条 审理赔偿案件实行合议制。实行合议制参照民航行政机关审理行政复议案件实行合议制的有关规定执行。

第二十三条 合议人员与赔偿案件有利害关系或者有其他关系可能影响案件公正处理的，应当回避。

有前款所述情形的，合议人员应当申请回避，赔偿请求人、第三人及其代理人也有权申请合议人员回避。

赔偿义务机关合议人员的回避由行政赔偿义务机关承办部门的负责人决定，行政赔偿义务机关承办部门负责人的回避由赔偿义务机关负责人决定。

第二十四条　赔偿请求人向赔偿义务机关提出行政赔偿请求的，如民航行政机关及其工作人员行使职权的行为已经依法确认违法或者不违法的，赔偿义务机关应当根据已经确认的结果依法作出赔偿或者不予赔偿的决定；如未经依法确认的，赔偿义务机关应当先对民航行政机关及其工作人员行使职权的行为是否违法予以确认，再依法作出赔偿或者不予赔偿的决定。

第二十五条　有下列生效法律文书或证明材料的，应当视为被请求赔偿的民航行政机关及其工作人员行使行政职权的行为已被依法确认违法：

（一）赔偿义务机关对本民航行政机关及其工作人员行使行政职权的行为认定为违法的文书；

（二）赔偿义务机关以本民航行政机关及其工作人员行使行政职权的行为违法为由决定予以撤销、变更的文书；

（三）复议机关确认原具体行政行为违法或者以原具体行政行为违法为由予以撤销、变更的复议决定书；

（四）上级民航行政机关确认原具体行政行为违法或者以原具体行政行为违法为由予以撤销、变更的其他法律文书；

（五）人民法院确认原具体行政行为违法或者以原具体行政行为违法为由予以撤销、变更的行政判决书、裁定书。

第二十六条　赔偿请求人对其主张及造成财产损失和人身损害的事实负有举证责任，应当提供相应的证据。

第二十七条　在赔偿义务机关受理赔偿申请之后，赔偿决定作出之前，有下列情形之一的，应当终止赔偿案件审理，制作行政赔偿案件终止决定书，并送达赔偿请求人、第三人：

（一）赔偿请求人申请撤回赔偿申请的；

（二）发现在受理赔偿申请之前赔偿请求人已向复议机关申请复议或者已向人民法院提起行政诉讼，并且复议机关或人民法院已经依法受理的；

（三）有其他应当终止的情形的。

第二十八条 行政赔偿承办部门应当对行政赔偿案件进行审查，提出处理意见。处理意见经赔偿义务机关负责人同意后，按照下列规定作出决定：

（一）有下列情形之一的，赔偿义务机关应当依法作出不予赔偿的决定：

1. 民航行政机关及其工作人员行使行政职权的行为是依法作出，没有违法情形的；

2. 民航行政机关及其工作人员行使职权的行为虽然已被依法确认为违法，但未造成公民、法人或其他组织直接财产损失或公民人身损害的；

3. 已经确认违法的行为与公民、法人或其他组织受到的财产损失或公民人身损害没有直接因果关系的；

4. 属于本办法第七条第一款规定的情形之一的。

（二）对已被确认为违法的民航行政机关及其工作人员行使行政职权的行为直接造成公民、法人或其他组织财产损失或公民人身损害的，赔偿义务机关应当依法作出赔偿的决定。赔偿义务机关依据以上规定作出赔偿或者不予赔偿决定，应当分别制作行政赔偿决定书或者不予行政赔偿决定书，并送达赔偿请求人和第三人。

第二十九条 赔偿请求人向共同赔偿义务机关要求赔偿的，最先收到赔偿申请的赔偿义务机关为赔偿案件的办理机关。

办理机关收到赔偿申请后，应当将赔偿申请书副本送达其他赔偿义务机关，经与其他赔偿义务机关取得一致意见后，依法作出赔偿或者不予赔偿决定，并制作决定书。决定赔偿的，同时开具赔偿金额分割单。决定书和赔偿金额分割单应当由共同赔偿义务机关签章确认。共同赔偿义务机关不能取得一致意见的，由共同赔偿义务机关报请它们的共同上级民航行政机关作出决定。

第三十条 民航行政机关及其工作人员行使职权的行为已经确认违法的，赔偿义务机关也可以在合法、自愿的前提下，就赔偿范围、赔偿方式和赔偿数额与赔偿请求人进行协商，协商成立的，应当制作行政赔偿协议书，并由双方签章确认。

达成赔偿协议后，赔偿请求人以同一事实和理由再次请求赔偿的，不予受理。

第三十一条 赔偿义务机关应当自受理赔偿申请之日起两个月内依法作出赔偿或者不予赔偿的决定。但有下列情形之一的，期间中止，从中止期间的原因消除之日起，赔偿义务机关作出决定的期间继续计算：

（一）赔偿请求人死亡，需要等待其继承人或其他有扶养关系的亲属以及死者生前扶养的无劳动能力的人表明是否参加赔偿案件处理的；

（二）作为赔偿请求人的法人或者其他组织终止，需要等待其权利承受人的确定以及其权利承受人表明是否参加赔偿案件处理的；

（三）赔偿请求人丧失行为能力，尚未确定其法定代理人或指定代理人的；

（四）赔偿请求人因不可抗拒的事由，不能参加赔偿案件处理的；

（五）需要依据司法机关，其他行政机关、组织的决定或者结论作出决定的；

（六）其他应当中止的情形。

赔偿义务机关违反上述规定逾期不作出决定的，赔偿请求人可以自期间届满之日起六十日内向赔偿义务机关的上一级民航行政机关申请行政复议；赔偿请求人对不予赔偿的决定或对赔偿数额、赔偿方式等有异议的，可以自收到决定书之日起六十日内向赔偿义务机关的上一级民航行政机关申请行政复议；赔偿请求人也可以自期间届满之日或者收到决定书之日起三个月内向人民法院提起诉讼。

第三十二条　申请人在申请行政复议时一并提出赔偿请求的，复议机关应当根据《中华人民共和国行政复议法》的有关规定办理。复议机关对原具体行政行为确认违法或者合法的，应当依据本办法的有关规定在行政复议决定书中一并作出赔偿或者不予赔偿的决定。

申请人对复议决定不服的，可以在收到复议决定书之日起十五日内向人民法院提起诉讼；复议机关逾期不作决定的，申请人可以在复议期满之日起十五日内向人民法院提起诉讼。

第三十三条　赔偿义务机关应当履行行政赔偿决定、行政赔偿协议、行政复议决定以及发生法律效力的行政赔偿判决、裁定或调解书。

赔偿义务机关不履行或者无正当理由拖延履行的，上一级民航行政机关应当责令其限期履行。

第五章　赔偿方式和计算标准

第三十四条　侵害公民人身权利的，依照国家赔偿法第四章的有关规定，确定赔偿方式及赔偿金额。

第三十五条　有本办法第六条规定情形，侵犯公民、法人和其他组织的财产权造成损害的，按照以下规定予以赔偿：

（一）能够返还财产或者恢复原状的，予以返还财产或者恢复原状；

（二）造成财产损坏的，赔偿修复所需费用或者按照损害程度予以赔偿；

（三）造成财产灭失的，按违法行为发生时当地市场价格予以赔偿；

（四）财产已依法拍卖或者变卖的，给付拍卖或者变卖所得的价款；

（五）扣押的财产因民航行政机关保管不当或不依法拍卖、变卖造成损失的，对直接损失部分予以赔偿；

（六）造成停产停业的，赔偿停产停业期间的职工工资、税金、水电费等必要的经常性费用；

（七）对财产造成其他损害的，按照直接损失确定赔偿金额。

第六章　赔偿费用

第三十六条　需要支付赔偿金的，由赔偿义务机关先从本单位行政费用中垫支，并向民航总局财务主管部门作专项申请，由民航总局向国家财政部门申请核拨国家赔偿费用。

第三十七条　申请核拨国家赔偿费用或者申请返还已经上交财政的财产，应当根据具体情况，提供下列有关文件或者文件副本：

（一）赔偿请求人请求赔偿的申请书；

（二）赔偿义务机关作出的赔偿决定书或者赔偿协议书；

（三）复议机关的复议决定书；

（四）人民法院的判决书、裁定书或者行政赔偿调解书；

（五）赔偿义务机关对有故意或者重大过失的责任者依法进行行政处分和实施追偿的意见或者决定；

（六）财产已经上交财政的有关凭据；

（七）国家财政部门要求提供的其他文件或者文件副本。

第三十八条　赔偿义务机关向赔偿请求人支付国家赔偿费用或者返还财产，赔偿请求人应当出具合法收据或者其他有效凭证，收据或者其他凭证的副本应当报送国家财政部门备案。

第七章　责任追究与追偿

第三十九条　对本办法第五条、第六条所列行为导致国家赔偿有故意或者重大过失的责任人员，由有关部门按照民航行政机关有关规定追究行政责任；有违法所得的，依法没收违法所得；构成犯罪的，依法追究刑事责任。

第四十条　行政赔偿义务机关赔偿损失后，应当责令有故意或者重大过失的工作人员或者受委托的组织、个人承担部分或者全部赔偿费用。

第四十一条　对责任人员实施追偿时，应当根据其责任大小和造成的损害程度确定追偿的金额。

追偿的金额一般应当在其月基本工资的1—10倍之间。特殊情况下作相应调整。

第四十二条　赔偿义务机关应当在赔偿决定、复议决定作出或者行政赔偿判决、裁定、行政赔偿调解书等法律文书发生法律效力之日起两个月内作出追偿的决定。

第四十三条　国家赔偿费用由国家财政部门核拨的，赔偿义务机关向责任者追偿的国家赔偿费用应当上缴国家财政部门。

第四十四条　有关责任人员对追偿有申辩的权利。

第八章　法律责任

第四十五条　赔偿义务机关违反本办法规定，无正当理由不予受理赔偿申请、经责令受理仍不受理或者不按照规定期限作出赔偿决定的，由有关部门对直接负责的主管人员和其他直接责任人员依法给予行政处分。

第四十六条　赔偿义务机关工作人员在办理赔偿案件中，有徇私舞弊或者其他渎职、失职行为的，由有关主管部门依法给予行政处分；构成犯罪的，依法追究刑事责任。

第四十七条　赔偿义务机关不履行或者无正当理由拖延履行赔偿决定，以及经责令限期履行仍不履行的，由有关部门对直接负责的主管人员和其他直接责任人员依法给予行政处分。

第四十八条　复议机关及其工作人员在行政复议活动中的法律责任适用《中华人民共和国行政复议法》的有关规定。

第九章　附　则

第四十九条　民航行政机关及其工作人员行使职权的行为造成受害人名誉权、荣誉权损害的，赔偿义务机关应当在侵权行为影响的范围内，为受害人消除影响，恢复名誉，赔礼道歉。

第五十条　赔偿请求人请求行政赔偿的时效为两年，自民航行政机关及其工作人员行使职权的行为被依法确认为违法之日起计算。

赔偿请求人在赔偿请求时效的最后六个月内，因不可抗力或者其他障碍不能行使请求权的，时效中止。从中止时效的原因消除之日起，赔偿请求时效期间继续计算。

第五十一条 赔偿请求人要求赔偿的，赔偿义务机关和复议机关不得向赔偿请求人收取任何费用。

第五十二条 民航行政机关受理行政赔偿申请，受理对赔偿决定不服的复议申请或者一并请求行政赔偿的复议申请，作出赔偿或者不予赔偿的决定或者复议决定，达成行政赔偿协议，决定给予行政赔偿，以及发生行政赔偿诉讼的，应当及时向上一级行政机关报告，并将有关法律文书报上一级行政机关备案。

第五十三条 本办法所称民航行政机关包括民航总局和民航地区管理局。

第五十四条 本办法自 2006 年 1 月 23 日起施行。

附件：

关于《民航行政机关行政赔偿办法》（CCAR—17）的说明

一、制定《民航行政机关行政赔偿办法》的必要性

为了保护公民、法人和其他组织依法取得行政赔偿的权利，规范民航行政机关及其工作人员的行政行为，确保各级民航行政机关依法、准确、及时处理行政赔偿案件，依据《中华人民共和国国家赔偿法》、《中华人民共和国民用航空法》及国家有关法律和行政法规，制定《民航行政机关行政赔偿办法》（以下简称办法）。制定本办法主要基于以下原因：

1.《中华人民共和国民用航空法》是民航行政机关及其工作人员依法行政的主要法律依据，但这部法律中没有规定行政相对人受到损害后相应的法律救济措施；《中华人民共和国国家赔偿法》虽然为行政相对人提供了法律救济措施，但是在实施这部法律的过程中，却存在着规定过于原则、不便于操作等问题；

2. 1999 年 11 月，国务院发布了《关于全面推进依法行政的决

定》(国发〔1999〕23 号)，该决定要求"各级政府及其工作部门加强制度建设，严格行政执法，强化行政执法监督，依法办事的能力和水平不断提高。"《全面推进依法行政实施纲要》指出"依法行政还存在不少差距……行政管理相对人的合法权益受到损害得不到及时救济；一些行政机关工作人员依法行政的观念还比较淡薄，依法行政的能力和水平有待进一步提高。"，在实务中，民航业内在依法行政过程中也存在《全面推进依法行政实施纲要》中提到的问题。

为了切实保障行政管理相对人的权利，积极响应《国务院办公厅关于贯彻落实全面推进依法行政实施纲要的实施意见》(国办发〔2004〕24 号)，使民航各级行政机关及其工作人员在履行职能时能够做到不错位、不越位、不缺位，保障《中华人民共和国国家赔偿法》在民航业内有效实施，针对民航业内遇到的实际问题，制定《民航行政机关行政赔偿办法》势在必行，条件也已经成熟。

二、制定过程

总局政策法规司从 2004 年 4 月开始起草有关民航行政机关行政赔偿的办法，并于 2004 年 11 月形成征求意见稿，送民航各地区管理局、总局机关各部门、总局空管局征求意见，以上各单位从该办法的内容、形式等方面提出书面修改意见，政策法规司在吸纳各单位、各部门意见的基础上，对征求意见稿修改、完善，并最终形成了《民航行政机关行政赔偿办法》送审稿。

三、内容说明

本办法共分总则、赔偿范围、赔偿请求人和赔偿义务机关、赔偿程序、赔偿方式和计算标准、赔偿费用、责任追究与追偿、法律责任、附则九章。

第一章总则主要规定了本办法的制定依据、适用范围、主管部门的定义和职责以及办案原则。

第二章赔偿范围主要规定了民航行政机关侵犯公民人身权和公民、法人或其他组织财产权应予赔偿的法定情形以及民航行政机关不承担行政赔偿责任的法定情形。

第三章赔偿请求人和赔偿义务机关主要规定了赔偿请求人资格认定及其确认赔偿义务机关的法定途径。

第四章赔偿程序主要规定了赔偿义务机关有义务赔偿的法定情形，赔偿请求人请求赔偿的途径，委托代理人代为参加案件处理应当出具书面文件的规定，第三人的定义以及第三人参加案件的法定途径，请求赔偿时应当出具的书面材料以及赔偿义务机关的审查程序规定。

第五章赔偿方式和计算标准主要对侵害公民人身权和财产权的赔偿方式和标准作了规定。

第六章赔偿费用对费用来源问题，规定了赔偿费用途径，同时对应当递交的书面文件作了规定。

第七章责任追究与追偿主要规定了对相关责任人的处罚措施及其具体金额，并对具体程序作出了明确规定。

第八章法律责任主要对赔偿义务机关违反本办法时应当承担的责任作了规定。

第九章附则主要对责任形式、时效等其他事项作了规定。

四、主要问题说明

1. 关于赔偿义务机关减免责任的说明

按照《国家赔偿法》的规定，办法中对民航行政机关不承担责任的情形作了进一步的细化。第一，将不可抗力造成的损害后果也列为民航行政机关免除行政赔偿责任的法定情形。第二，将行政相对人过错导致的损失扩大列为民航行政机关不承担相应赔偿责任的法定情形。这样规定，更加细化了民航行政机关减免行政赔偿责任的情形，在实践中的可操作性更强。

2. 关于赔偿程序的说明

根据《国家赔偿法》规定，结合民航实际，并参考各项民航规章，办法在第四章赔偿程序更进一步细化了申请赔偿的法定程序。包括了赔偿请求人委托代理人参加赔偿案件应当出具的委托书的具体事项、审查民航行政赔偿案件的方式、合议人员的资格确认、举证责任、终止赔偿案件审理的法定情形、行政赔偿主管部门提出处理意见的方式等共二十二条，占整个办法近 2/5 的篇幅，使本办法成为各级民航行政机关行政赔偿主管部门、赔偿请求人及其各级民航行政机关的相关工作准则。

3. 办法对人身损害的赔偿方式和计算标准作出了规定，具体做法参照《国家赔偿法》的相关规定，使得办法更加完善。

中华人民共和国海关行政赔偿办法

中华人民共和国海关总署令

第 101 号

《中华人民共和国海关行政赔偿办法》已经 2003 年 3 月 14 日署务会审议通过，现予发布，自 2003 年 5 月 1 日起施行。《中华人民共和国海关关于查验货物、物品造成损坏的赔偿办法》（〔87〕署货字 650 号）、《海关总署关于转发〈国务院办公厅关于实施中华人民共和国国家赔偿法的通知〉的通知》（署法〔1995〕57 号）同时废止。

中华人民共和国海关总署署长

二〇〇三年三月二十四日

第一章 总 则

第一条 为保护公民、法人和其他组织依法取得行政赔偿的权利，促进海关及其工作人员依法行使职权，保证各级海关依法、正确、及时处理行政赔偿案件，根据《中华人民共和国国家赔偿法》

（以下简称《国家赔偿法》）、《中华人民共和国海关法》（以下简称《海关法》）以及有关法律、行政法规，制定本办法。

第二条　各级海关办理行政赔偿案件，包括因海关及其工作人员违法行使行政职权导致的行政赔偿和依法对进出境货物、物品实施查验而发生的查验赔偿，适用本办法。

第三条　海关负责法制工作的机构是海关行政赔偿主管部门，履行下列职责：

（一）受理行政赔偿申请；

（二）审理行政赔偿案件，提出赔偿意见；

（三）拟定行政赔偿决定书等有关法律文书；

（四）办理行政复议附带行政赔偿案件、行政赔偿复议案件；

（五）执行生效的行政赔偿法律文书；

（六）对追偿提出处理意见；

（七）办理行政赔偿诉讼的应诉事项；

（八）办理与行政赔偿案件有关的其他事项。

第四条　办理赔偿案件应当遵循合法、公正、公开、及时的原则，坚持有错必纠。

第二章　赔偿范围

第一节　行政赔偿

第五条　海关及其工作人员有下列违法行使行政职权，侵犯公民人身权情形之一的，受害人有取得赔偿的权利：

（一）违法扣留公民的，具体包括：

1. 对没有走私犯罪嫌疑的公民予以扣留的；

2. 未经直属海关关长或者其授权的隶属海关关长批准实施扣留的；

3. 扣留时间超过法律规定期限的；

4. 有其他违法情形的。

（二）违法采取其他限制公民人身自由的行政强制措施的；

（三）非法拘禁或者以其他方法非法剥夺公民人身自由的；

（四）以殴打等暴力行为或者唆使他人以殴打等暴力行为造成公民身体伤害或者死亡的；

（五）违法使用武器、警械造成公民身体伤害或者死亡的；

（六）造成公民身体伤害或者死亡的其他违法行为。

第六条 海关及其工作人员有下列违法行使行政职权，侵犯公民、法人或者其他组织财产权情形之一的，受害人有取得赔偿的权利：

（一）违法实施罚款，没收货物、物品、运输工具或其他财产，追缴无法没收的货物、物品、运输工具的等值价款，暂停或者撤销企业从事有关海关业务资格及其他行政处罚的；

（二）违法对生产设备、货物、物品、运输工具等财产采取扣留、封存等行政强制措施的；

（三）违法收取保证金、风险担保金、抵押物、质押物的；

（四）违法收取滞报金、监管手续费等费用的；

（五）违法采取税收强制措施和税收保全措施的；

（六）擅自使用扣留的货物、物品、运输工具或者其他财产，造成损失的；

（七）对扣留的货物、物品、运输工具或者其他财产不履行保管职责，严重不负责任，造成财物毁损、灭失的，但依法交由有关单位负责保管的情形除外；

（八）违法拒绝接受报关、核销等请求，拖延监管，故意刁难，或不履行其他法定义务，给公民、法人或者其他组织造成财产损失的；

（九）变卖财产应当拍卖而未依法拍卖，或者有其他违法处理情形造成直接损失的；

（十）造成财产损害的其他违法行为。

第七条 属于下列情形之一的，海关不承担行政赔偿责任：

（一）海关工作人员与行使职权无关的个人行为；

（二）因公民、法人和其他组织自己的行为致使损害发生的；

（三）因不可抗力造成损害后果的；

（四）法律规定的其他情形。

因公民、法人和其他组织的过错致使损失扩大的，对扩大部分海关不承担赔偿责任。

第二节　查验赔偿

第八条 根据《海关法》第九十四条的规定，海关在依法查验进出境货物、物品时，损坏被查验的货物、物品的，应当赔偿当事人的实际损失。

第九条 有下列情形之一的，海关不承担赔偿责任：

（一）属于本办法第七条规定的情形的；

（二）由于当事人或其委托的人搬移、开拆、重封包装或保管不善造成的损失；

（三）易腐、易失效货物、物品在海关正常工作程序所需要时间内（含代保管期间）所发生的变质或失效，当事人事先未向海关声明或者海关已采取了适当的措施仍不能避免的；

（四）海关正常检查产生的不可避免的磨损和其他损失；

（五）在海关查验之前所发生的损坏和海关查验之后发生的损坏；

（六）海关为化验、取证等目的而提取的货样。

第三章　赔偿请求人和赔偿义务机关

第十条 受害的公民、法人和其他组织有权要求赔偿。

受害的公民死亡，其继承人和其他有扶养关系的亲属以及死者生前扶养的无劳动能力的人有权要求赔偿。

受害的法人或者其他组织终止，承受其权利的法人或者其他组织有权要求赔偿。

第十一条 赔偿请求人为无民事行为能力人或者限制民事行为能力人的，由其法定代理人或指定代理人代为要求赔偿。

第十二条 海关及其工作人员违法行使行政职权侵犯公民、法人和其他组织的合法权益造成损害的，该海关为赔偿义务机关。

两个以上海关共同行使行政职权时侵犯公民、法人和其他组织的合法权益造成损害的，共同行使行政职权的海关为共同赔偿义务机关。

海关依法设立的派出机构行使行政职权侵犯公民、法人和其他组织的合法权益造成损害的，设立该派出机构的海关为赔偿义务机关。

受海关委托的组织或者个人在行使受委托的行政权力时侵犯公民、法人和其他组织的合法权益造成损害的，委托的海关为赔偿义务机关。

第十三条 海关查验进出境货物、物品时，损坏被查验的货物、物品的，实施查验的海关为赔偿义务机关。

第十四条 赔偿义务机关被撤销的，继续行使其职权的海关为赔偿义务机关；没有继续行使其职权的海关的，该海关的上一级海关为赔偿义务机关。

第十五条 经行政复议机关复议的，最初造成侵权行为的海关为赔偿义务机关，但复议机关的复议决定加重损害的，复议机关对加重的部分履行赔偿义务。

第四章 赔偿程序

第一节 行政赔偿程序

第十六条 赔偿义务机关对依法确认有本办法第五条、第六条规定的情形之一，侵犯公民、法人或者其他组织合法权益的，应当给予赔偿。

第十七条 赔偿请求人要求行政赔偿应当先向赔偿义务机关提出，也可以在申请行政复议和提起行政诉讼时一并提出。

赔偿请求人可以向共同赔偿义务机关中的任何一个赔偿义务机关要求赔偿，该赔偿义务机关应当先予赔偿。

赔偿请求人根据受到的不同损害，可以同时提出数项赔偿要求。

第十八条 赔偿请求人要求赔偿应当递交申请书，申请书应当载明下列事项：

（一）赔偿请求人的姓名、性别、年龄、工作单位和住所，赔偿请求人为法人或者其他组织的，应当写明法人或者其他组织的名称、住所和法定代表人或者主要负责人的姓名、职务；

（二）具体的要求、事实根据和理由；

（三）申请的年、月、日。

赔偿请求人书写申请书确有困难的，可以委托他人代书；赔偿请求人也可以口头申请。口头申请的，赔偿义务机关应当制作《行政赔偿口头申请记录》，并当场交由赔偿请求人签章确认。

第十九条 赔偿请求人委托代理人代为参加赔偿案件处理的，应当向海关出具委托书，委托书应当具体载明下列事项：

（一）委托人姓名（法人或者其他组织的名称、法定代表人的姓名、职务）、代理人姓名、性别、年龄、职业、地址及邮政编码；

（二）代理人代为提起、变更、撤回赔偿请求、递交证据材料、收受法律文书等代理权限；

（三）代理人参加赔偿案件处理的期间；

（四）委托日期及委托人、代理人签章。

第二十条 同赔偿案件处理结果有利害关系的其他公民、法人或者其他组织，可以作为第三人参加赔偿案件处理。

申请以第三人身份参加赔偿案件处理的，应当以书面形式提出，并对其与赔偿案件处理结果有利害关系负举证责任。赔偿义务机关认为必要时，也可以通知第三人参加。

第三人参加赔偿案件处理的，赔偿义务机关应当制作《第三人参加行政赔偿案件处理通知书》，并送达第三人、赔偿请求人。

第二十一条 赔偿请求人要求赔偿时，应当提供符合受理条件的相应的证据材料。

本办法第十条第二款规定的赔偿请求人要求赔偿的，还应当提供公民死亡的证明及赔偿请求人与死亡公民之间的关系证明；本办法第十条第三款规定的赔偿请求人要求赔偿的，还应当提供原法人或者其他组织终止的证明，以及承受其权利的证明。

第二十二条 赔偿义务机关收到赔偿申请后，应当在五个工作日内进行审查，分别作出以下处理：

（一）对不符合本办法规定，有下列情形之一的，决定不予受理，制作《行政赔偿申请不予受理决定书》，并送达赔偿请求人：

1. 赔偿请求人不是本办法第十条规定的有权要求赔偿的公民、法人和其他组织；

2. 不属于本办法第五条、第六条规定的行政赔偿范围；

3. 超过法定请求赔偿的期限，且无本办法第六十一条第二款规定情形的；

4. 已向复议机关申请复议或者已向人民法院提起行政诉讼，复议机关或人民法院已经依法受理的；

5. 以海关制定发布的行政规章或者具有普遍约束力的规定、决定侵犯其合法权益造成损害为由，请求赔偿的。

（二）对未经依法确认违法的具体行政行为请求赔偿的，如该具体行政行为尚在法定的复议、诉讼期限内，应当书面告知申请人有权依法向上一级海关申请行政复议或者向人民法院提起行政诉讼，并可以一并提出赔偿请求；经告知后，申请人要求赔偿义务机关直接对侵权行为的违法性予以确认并作出赔偿决定的，赔偿义务机关应当予以受理。如该具体行政行为已超过法定的复议、诉讼期限，应当作为申诉案件处理，并书面通知当事人，原具体行政行为经申诉确认违法后，可以依法请求赔偿；

（三）对材料不齐备的，应当在审查期限内书面告知赔偿请求人补正材料；

（四）对符合本办法规定，但是本海关不是赔偿义务机关的，应当在审查期限内书面告知申请人向赔偿义务机关提出；

（五）对符合本办法有关规定且属于本海关受理的赔偿申请，决定受理，制作《行政赔偿申请受理决定书》并送达赔偿请求人。

决定受理的，赔偿主管部门收到申请之日即为受理之日；经赔偿请求人补正材料后决定受理的，赔偿主管部门收到补正材料之日为受理之日。

第二十三条　两个以上赔偿请求人对赔偿义务机关的同一行为分别提出赔偿申请的，赔偿义务机关可以并案审理，并以收到后一个申请的日期为正式受理的日期。

第二十四条　对赔偿请求人依法提出的赔偿申请，赔偿义务机关无正当理由不予受理的，上一级海关应当责令其受理，并制作《责令受理行政赔偿申请通知书》。

第二十五条　赔偿案件审理原则上采用书面审查的办法。赔偿请求人提出要求或者赔偿主管部门认为有必要时，可以向有关组织和人员调查情况，听取赔偿请求人、第三人的意见。

第二十六条　审理赔偿案件实行合议制。

实行合议制参照《中华人民共和国海关实施〈行政复议法〉办法》以及海关审理行政复议案件实行合议制的有关规定执行。

第二十七条 合议人员与赔偿案件有利害关系或者有其他关系可能影响案件公正处理的，应当回避。

有前款所述情形的，合议人员应当申请回避，赔偿请求人、第三人及其代理人也有权申请合议人员回避。

赔偿义务机关合议人员的回避由赔偿主管部门的负责人决定，赔偿主管部门负责人的回避由赔偿义务机关负责人决定。

第二十八条 赔偿请求人向赔偿义务机关提出行政赔偿请求的，如海关及其工作人员行使职权的行为已经依法确认违法或者不违法的，赔偿义务机关应当根据已经确认的结果依法作出赔偿或者不予赔偿的决定；如未经依法确认的，赔偿义务机关应当先对海关及其工作人员行使职权的行为是否违法予以确认，再依法作出赔偿或者不予赔偿的决定。

第二十九条 有下列生效法律文书或证明材料的，应当视为被请求赔偿的海关及其工作人员行使行政职权的行为已被依法确认违法：

（一）赔偿义务机关对本海关及其工作人员行使行政职权的行为认定为违法的文书；

（二）赔偿义务机关以本海关及其工作人员行使行政职权的行为违法为由决定予以撤销、变更的文书；

（三）复议机关确认原具体行政行为违法或者以原具体行政行为违法为由予以撤销、变更的复议决定书；

（四）上级海关确认原具体行政行为违法或者以原具体行政行为违法为由予以撤销、变更的其他法律文书；

（五）人民法院确认原具体行政行为违法或者以原具体行政行为违法为由予以撤销、变更的行政判决书、裁定书。

第三十条 赔偿请求人对其主张及造成财产损失和人身损害的事实负有举证责任，应当提供相应的证据。

第三十一条 在赔偿义务机关受理赔偿申请之后，赔偿决定作出之前，有下列情形之一的，应当终止赔偿案件审理，制作《行政赔偿案件终止决定书》，并送达赔偿请求人、第三人：

（一）赔偿请求人申请撤回赔偿申请的；

（二）发现在受理赔偿申请之前赔偿请求人已向复议机关申请复议或者已向人民法院提起行政诉讼，并且复议机关或人民法院已经依法受理的；

（三）有其他应当终止的情形的。

第三十二条 海关行政赔偿主管部门应当对行政赔偿案件进行审查，提出处理意见。处理意见经赔偿义务机关负责人同意或者经赔偿义务机关案件审理委员会讨论通过后，按照下列规定作出决定：

（一）有下列情形之一的，依法作出不予赔偿的决定：

1. 海关及其工作人员行使行政职权的行为是依法作出，没有违法情形的；

2. 海关及其工作人员行使职权的行为虽然已被依法确认为违法，但未造成公民、法人或其他组织直接财产损失或公民人身损害的；

3. 已经确认违法的行为与公民、法人或其他组织受到的财产损失或公民人身损害没有直接因果关系的；

4. 属于本办法第七条第一款规定的情形之一的。

（二）对已被确认为违法的海关及其工作人员行使行政职权的行为直接造成了公民、法人或其他组织财产损失或公民人身损害的，依法作出赔偿的决定。

赔偿义务机关依据以上规定作出赔偿或者不予赔偿决定，应当分别制作《行政赔偿决定书》或者《不予行政赔偿决定书》，并送达赔偿请求人和第三人。

第三十三条　赔偿请求人向共同赔偿义务机关要求赔偿的，最先收到赔偿申请的赔偿义务机关为赔偿案件的办理机关。

办理机关收到赔偿申请后，应当将赔偿申请书副本送达其他赔偿义务机关，经与其他赔偿义务机关取得一致意见后，依法作出赔偿或者不予赔偿决定，并制作决定书。决定赔偿的，同时开具赔偿金额分割单。决定书和赔偿金额分割单应当由共同赔偿义务机关签章确认。共同赔偿义务机关不能取得一致意见的，由共同赔偿义务机关报请它们的共同上级海关作出决定。

第三十四条　侵权行为已经确认违法的，赔偿义务机关也可以在合法、自愿的前提下，就赔偿范围、赔偿方式和赔偿数额与赔偿请求人进行协商，协商成立的，应当制作《行政赔偿协议书》，并由双方签章确认。

达成赔偿协议后，赔偿请求人以同一事实和理由再次请求赔偿的，不予受理。

第三十五条　赔偿义务机关应当自受理赔偿申请之日起两个月内依法作出赔偿或者不予赔偿的决定。但有下列情形之一的，期间中止，从中止期间的原因消除之日起，赔偿义务机关作出决定的期间继续计算：

（一）赔偿请求人死亡，需要等待其继承人或其他有扶养关系的亲属以及死者生前扶养的无劳动能力的人表明是否参加赔偿案件处理的；

（二）作为赔偿请求人的法人或者其他组织终止，需要等待其权利承受人的确定以及其权利承受人表明是否参加赔偿案件处理的；

（三）赔偿请求人丧失行为能力，尚未确定其法定代理人或指定代理人的；

（四）赔偿请求人因不可抗拒的事由，不能参加赔偿案件处理的；

（五）需要依据司法机关，其他行政机关、组织的决定或者结论作出决定的；

（六）其他应当中止的情形。

赔偿义务机关违反上述规定逾期不作出决定的，赔偿请求人可以自期间届满之日起六十日内向赔偿义务机关的上一级海关申请行政复议，赔偿请求人对不予赔偿的决定或对赔偿数额、赔偿方式等有异议的，可以自收到决定书之日起六十日内向赔偿义务机关的上一级海关申请行政复议；赔偿请求人也可以自期间届满之日或者收到决定书之日起三个月内向人民法院提起诉讼。

第三十六条 申请人在申请行政复议时一并提出赔偿请求的，复议机关应当根据《中华人民共和国行政复议法》、《中华人民共和国海关实施〈行政复议法〉办法》的有关规定办理。

复议机关对原具体行政行为确认违法或者合法的，应当依据本办法的有关规定在行政复议决定书中一并作出赔偿或者不予赔偿的决定。

申请人对复议决定不服的，可以在收到复议决定书之日起十五日内向人民法院提起诉讼；复议机关逾期不作决定的，申请人可以在复议期满之日起十五日内向人民法院提起诉讼。

第三十七条 赔偿义务机关应当履行行政赔偿决定、行政赔偿协议、行政复议决定以及发生法律效力的行政赔偿判决、裁定或调解书。

赔偿义务机关不履行或者无正当理由拖延履行的，上一级海关应当责令其限期履行。

第二节 查验赔偿程序

第三十八条 海关关员在查验货物、物品时损坏被查验货物、物品的，应当如实填写《中华人民共和国海关查验货物、物品损坏报告书》（以下简称《海关查验货物、物品损坏报告书》）一式两份，由查验关员和当事人双方签字，一份交当事人，一份留海关存查。

海关依法径行开验、复验或者提取货样时，应当会同有关货物、物品保管人员共同进行。如造成货物、物品损坏，查验关员应当请在场的保管人员作为见证人在《海关查验货物、物品损坏报告书》上签字，并及时通知当事人。

第三十九条　实施查验的海关应当自损坏被查验的货物、物品之日起两个月内确定赔偿金额，并填制《海关损坏货物、物品赔偿通知单》（以下简称《通知单》）送达当事人。

第四十条　当事人应当自收到《通知单》之日起三个月内凭《通知单》向海关领取赔款，或将银行帐号通知海关划拨。逾期无正当理由不向海关领取赔款、不将银行帐号通知海关划拨的，不再赔偿。

第四十一条　当事人对赔偿有异议的，可以在收到《通知单》之日起六十日内向作出赔偿决定的海关的上一级海关申请行政复议，对复议决定不服的，可以在收到复议决定之日起十五日内向人民法院提起诉讼；也可以自收到《通知单》之日起三个月内直接向人民法院提起诉讼。

第五章　赔偿方式和计算标准

第四十二条　有本办法第六条规定情形，侵犯公民、法人和其他组织的财产权造成损害的，按照以下规定予以赔偿：

（一）能够返还财产或者恢复原状的，予以返还财产或者恢复原状；

（二）造成财产损坏的，赔偿修复所需费用或者按照损害程度

予以赔偿;

(三) 造成财产灭失的,按违法行为发生时当地市场价格予以赔偿,灭失的财产属于尚未缴纳税款的进境货物、物品的,按海关依法审定的完税价格予以赔偿;

(四) 财产已依法拍卖或者变卖的,给付拍卖或者变卖所得的价款;

(五) 扣留的财产因海关保管不当或不依法拍卖、变卖造成损失的,对直接损失部分予以赔偿;

(六) 导致仓储费、运费等费用增加的,对增加部分予以赔偿;

(七) 造成停产停业的,赔偿停产停业期间的职工工资、税金、水电费等必要的经常性费用;

(八) 对财产造成其他损害的,按照直接损失确定赔偿金额。

第四十三条 侵害公民人身权利的,依照《国家赔偿法》第四章的有关规定,确定赔偿方式及赔偿金额。

第四十四条 海关依法查验进出境货物、物品时,损坏被查验的货物、物品的,应当在货物、物品受损程度确定后,以海关依法审定的完税价格为基数,确定赔偿金额。

赔偿的金额,应当根据被损坏的货物、物品或其部件受损耗程度或修理费用确定,必要时,可以凭公证机构出具的鉴定证明确定。

第六章 赔偿费用

第四十五条 依据生效的赔偿决定或者其它法律文书,需要返还财产的,依照下列规定返还:

(一) 尚未上交财政的财产,由赔偿义务机关负责返还;

(二) 已经上交财政的款项,由赔偿义务机关逐级向海关总署财务主管部门上报,由海关总署向国家财政部门申请返还。

第四十六条　需要支付赔偿金的，由赔偿义务机关先从本单位缉私办案费中垫支，并向海关总署财务主管部门作专项申请，由海关总署向国家财政部门申请核拨国家赔偿费用。

第四十七条　申请核拨国家赔偿费用或者申请返还已经上交财政的财产，应当根据具体情况，提供下列有关文件或者文件副本：

（一）赔偿请求人请求赔偿的申请书；

（二）赔偿义务机关作出的赔偿决定书或者赔偿协议书；

（三）复议机关的复议决定书；

（四）人民法院的判决书、裁定书或者行政赔偿调解书；

（五）赔偿义务机关对有故意或者重大过失的责任者依法进行行政处分和实施追偿的意见或者决定；

（六）财产已经上交财政的有关凭据；

（七）国家财政部门要求提供的其他文件或者文件副本。

第四十八条　赔偿义务机关向赔偿请求人支付国家赔偿费用或者返还财产，赔偿请求人应当出具合法收据或者其他有效凭证，收据或者其他凭证的副本应当报送国家财政部门备案。

第四十九条　海关依法查验进出境货物、物品时，损坏被查验的货物、物品而发生的查验赔偿，其赔偿费用由各海关从缉私办案费中支付。

第七章　责任追究与追偿

第一节　责任追究

第五十条　对有本办法第五条、第六条所列行为导致国家赔偿的有故意或者重大过失的责任人员，由有关部门依法给予行政处分；有违法所得的，依法没收违法所得；构成犯罪的，依法追究刑事责任。

第二节 追 偿

第五十一条 行政赔偿义务机关赔偿损失后，应当责令有故意或者重大过失的工作人员或者受委托的组织、个人承担部分或者全部赔偿费用。

第五十二条 对责任人员实施追偿时，应当根据其责任大小和造成的损害程度确定追偿的金额。

追偿的金额一般应当在其月基本工资的 1—10 倍之间。特殊情况下作相应调整。

第五十三条 赔偿义务机关应当在赔偿决定、复议决定作出或者行政赔偿判决、裁定、行政赔偿调解书等法律文书发生法律效力之日起两个月内作出追偿的决定。

第五十四条 国家赔偿费用由国家财政部门核拨的，赔偿义务机关向责任者追偿的国家赔偿费用应当上缴国家财政部门。

第五十五条 有关责任人员对追偿有申辩的权利。

第八章 法律责任

第五十六条 赔偿义务机关违反本办法规定，无正当理由不予受理赔偿申请、经责令受理仍不受理或者不按照规定期限作出赔偿决定的，由有关部门对直接负责的主管人员和其他直接责任人员依法给予行政处分。

第五十七条 赔偿义务机关工作人员在办理赔偿案件中，有徇私舞弊或者其他渎职、失职行为的，由有关主管部门依法给予行政处分；构成犯罪的，依法追究刑事责任。

第五十八条 赔偿义务机关不履行或者无正当理由拖延履行赔偿决定，以及经责令限期履行仍不履行的，由有关部门对直接负责的主管人员和其他直接责任人员依法给予行政处分。

第五十九条 复议机关及其工作人员在行政复议活动中的法律责任适用《中华人民共和国行政复议法》的有关规定。

第九章 附 则

第六十条 对造成受害人名誉权、荣誉权损害的，应当在侵权行为影响的范围内，为受害人消除影响，恢复名誉，赔礼道歉。

第六十一条 赔偿请求人请求国家赔偿的时效为两年，自海关及其工作人员行使职权的行为被依法确认为违法之日起计算，但被羁押期间不计算在内。

赔偿请求人在赔偿请求时效的最后六个月内，因不可抗力或者其他障碍不能行使请求权的，时效中止。从中止时效的原因消除之日起，赔偿请求时效期间继续计算。

第六十二条 赔偿请求人要求赔偿的，赔偿义务机关和复议机关不得向赔偿请求人收取任何费用。

第六十三条 各海关受理行政赔偿申请，受理对赔偿决定不服的复议申请或者一并请求行政赔偿的复议申请，作出赔偿或者不予赔偿的决定或者复议决定，达成行政赔偿协议，决定给予查验赔偿，以及发生行政赔偿诉讼的，应当及时逐级向海关总署行政赔偿主管部门报告，并将有关法律文书报该部门备案。

第六十四条 本办法由中华人民共和国海关总署负责解释。

第六十五条 本办法所称海关包括海关总署。

第六十六条 本办法自 2003 年 5 月 1 日起施行，《中华人民共和国海关关于查验货物、物品造成损坏的赔偿办法》（〔87〕署货字650号）、《海关总署关于转发〈国务院办公厅关于实施中华人民共和国国家赔偿法的通知〉的通知》（署法〔1995〕57号）同时废止。

船舶油污损害赔偿基金征收
使用管理办法

财政部 交通运输部
关于印发《船舶油污损害赔偿基金
征收使用管理办法》的通知
财综〔2012〕33 号

各省、自治区、直辖市、计划单列市财政厅（局）、交通运输厅（局、委），交通运输部海事局：

为保护我国海洋环境，促进海洋运输业持续健康发展，根据《中华人民共和国海洋环境保护法》、《防治船舶污染海洋环境管理条例》的有关规定，经国务院批准，财政部、交通运输部联合制定了《船舶油污损害赔偿基金征收使用管理办法》。现印发你们，请遵照执行。

财政部 交通运输部
二〇一二年五月十一日

第一章 总 则

第一条 为保护我国海洋环境，促进海洋运输业持续健康发展，根据《中华人民共和国海洋环境保护法》、《防治船舶污染海洋环境管理条例》的有关规定，参照国际通行做法，制定本办法。

第二条 本办法适用于在中华人民共和国管辖水域内接收从海上运输持久性油类物质的货物所有人或其代理人，以及船舶油污损害赔偿基金的征收、使用、管理、监督部门和单位。

第三条 船舶油污损害赔偿基金纳入政府性基金管理，收入全额上缴中央国库，实行专款专用。

第四条 船舶油污损害赔偿基金征收、缴纳、使用和管理，应当接受财政、审计部门的监督检查。

第二章 征 收

第五条 凡在中华人民共和国管辖水域内接收从海上运输持久性油类物质（包括原油、燃料油、重柴油、润滑油等持久性烃类矿物油）的货物所有人或其代理人，应当按照本办法规定缴纳船舶油污损害赔偿基金。

第六条 船舶油污损害赔偿基金征收标准为每吨持久性油类物质0.3元。财政部可依据船舶油污损害赔偿需求、持久性油类物质的货物到港量以及积累的船舶油污损害赔偿基金规模等因素，并充分考虑货物所有人的承受能力，会同交通运输部确定、调整征收标准或者暂停征收。

第七条 船舶油污损害赔偿基金由交通运输部所属海事管理机构（以下简称海事管理机构）向货物所有人或其代理人征收。

第八条 货物所有人或其代理人应当在向海事管理机构办理污染危害性货物申报时，按照船舶卸载持久性油类物质的数量及相关征收标准，将船舶油污损害赔偿基金及时足额缴入所在地海事管理机构经批准的相关银行账户。

第九条 对于在中华人民共和国管辖水域内接收从海上运输的非持久性油类物质，以及在中华人民共和国管辖水域内过境运输持久性油类物质，不征收船舶油污损害赔偿基金。对于在中国境内的同一货物所有人接收中转运输的持久性油类物质，只征收一次船舶油污损害赔偿基金。

第十条 海事管理机构征收船舶油污损害赔偿基金，应当向货物所有人或其代理人出具财政部统一监制的财政票据。

第十一条 海事管理机构应当在收到船舶油污损害赔偿基金的当日，将船舶油污损害赔偿基金收入全额就地上缴中央国库。缴库时使用"一般缴款书"，在"财政机关"栏目填写"财政部"，在"预算级次"栏目填写"中央级"，在"收款国库"栏目填写实际收纳款项的国库名称，预算科目列《政府收支分类科目》第103类"非税收入"，第01款"政府性基金收入"，第71项"船舶油污损害赔偿基金收入"。交通运输部实施非税收入收缴管理制度改革后，船舶油污损害赔偿基金的收入收缴方式按照改革后的有关规定执行。

第十二条 除国务院外，任何地方、部门和单位不得改变船舶油污损害赔偿基金的征收对象和征收范围。

第十三条 货物所有人或其代理人按照本办法规定缴纳船舶油污损害赔偿基金从成本费用中列支。

第三章　使　用

第十四条 船舶油污损害赔偿基金应当遵循专款专用的原则，

年末结余可结转下年度安排使用。

第十五条 船舶油污损害赔偿基金用于以下油污损害及相关费用的赔偿、补偿：

（一）同一事故造成的船舶油污损害赔偿总额超过法定船舶所有人油污损害赔偿责任限额的；

（二）船舶所有人依法免除赔偿责任的；

（三）船舶所有人及其油污责任保险人或者财务保证人在财力上不能履行其部分或全部义务，或船舶所有人及其油污责任保险人或者财务保证人被视为不具备履行其部分或全部义务的偿付能力；

（四）无法找到造成污染船舶的。

第十六条 下列情况，不得从船舶油污损害赔偿基金中提供赔偿或者补偿：

（一）油污损害由战争、敌对行为造成或者由政府用于非商业目的的船舶、军事船舶、渔船排放油类物质造成的；

（二）索赔人不能证明油污损害由船舶造成的；

（三）因油污受害人过错造成的全部或部分油污损害的。

第十七条 船舶油污损害赔偿基金按照申请时间顺序依次受理。其中，对同一事故的索赔按照下列范围和顺序赔偿或补偿：

（一）为减少油污损害而采取的应急处置费用；

（二）控制或清除污染所产生的费用；

（三）对渔业、旅游业等造成的直接经济损失；

（四）已采取的恢复海洋生态和天然渔业资源等措施所产生的费用；

（五）船舶油污损害赔偿基金管理委员会实施监视监测发生的费用；

（六）经国务院批准的其他费用。

船舶油污损害赔偿基金不足以赔偿或者补偿前款规定的同一顺

序的损失或费用的，按比例受偿。

第十八条 船舶油污损害赔偿基金对任一船舶油污事故的赔偿或补偿金额不超过 3000 万元人民币。

财政部可以依据船舶油污事故赔偿需求、累积的船舶油污损害赔偿基金规模等因素，会同交通运输部调整基金赔偿限额。

第十九条 国家设立由交通运输部、财政部、农业部、环境保护部、国家海洋局、国家旅游局以及缴纳船舶油污损害赔偿基金的主要石油货主代表等组成的船舶油污损害赔偿基金管理委员会，负责处理船舶油污损害赔偿基金的具体赔偿或者补偿事务。船舶油污损害赔偿基金管理委员会应当制定具体职责及工作规程。

船舶油污损害赔偿基金管理委员会下设秘书处，负责具体赔偿、补偿等日常事务，秘书处设在交通运输部海事局。

第二十条 在船舶发生油污事故后，凡符合赔偿或者补偿条件的单位和个人，可向船舶油污损害赔偿基金管理委员会秘书处提出书面索赔申请。

第二十一条 单位和个人提出的油污损害索赔申请，必须符合法律、行政法规及船舶油污损害赔偿基金管理委员会相关规定，并遵循以下原则：

（一）索赔申请必须真实，不得隐瞒或者捏造；

（二）索赔的任何费用和损失已经实际发生；

（三）索赔所涉及的费用必须经确认是适当和合理的；

（四）索赔的费用、损失以及遭受的损害是由于污染引起的且与污染事故之间有必然的直接因果关系；

（五）索赔的损失以及遭受的损害应当是可以量化的经济损失；

（六）索赔的费用、损失以及遭受的损害必须提交相应的证明文件或者其他证据。

第二十二条 油污受害人申请从船舶油污损害赔偿基金中获得

赔偿或者补偿的，应当在油污损害发生之日起 3 年内提出；在任何情况下，均应当在船舶油污事故发生之日起 6 年内提出。逾期申请的，船舶油污损害赔偿基金管理委员会不予受理。

第二十三条　船舶油污损害赔偿基金管理委员会在受理索赔申请后，应当组织有关人员对索赔项目进行调查核实，确定赔偿或者补偿的具体数额。对于符合赔偿或者补偿条件的，应当及时给予赔偿或者补偿。申请赔偿或者补偿的相关单位应当积极配合船舶油污损害赔偿基金管理委员会开展索赔调查核实工作。

第二十四条　交通运输部应当按照政府性基金预算管理的有关规定编制船舶油污损害赔偿基金收支预算，经船舶油污损害赔偿基金管理委员会审议通过后，报财政部审核。船舶油污损害赔偿基金支付按照财政国库管理制度的有关规定执行。

第二十五条　船舶油污损害赔偿基金支出按照规定填列《政府收支分类科目》第 214 类"交通运输"，第 68 款"船舶油污损害赔偿基金支出"下相关科目。

第二十六条　船舶油污损害赔偿基金管理委员会在赔偿或者补偿范围内，可以代位行使接受赔偿或补偿的单位、个人向相关污染损害责任人请求赔偿的权利。

对于暂时无法认定船舶污染损害责任人的，船舶油污损害赔偿基金管理委员会可以先行给予赔偿或者补偿，一旦确定污染损害责任人时，再由相关责任人给予赔偿，赔偿金按有关规定上缴中央国库。

第二十七条　各有关部门和单位应当严格按照规定使用船舶油污损害赔偿基金，不得坐收坐支、截留、挤占、挪用船舶油污损害赔偿基金。

第四章　法律责任

第二十八条　在中华人民共和国管辖水域内接收从海上运输持

久性油类物质的货物所有人或其代理人，不按照本办法规定及时足额缴纳船舶油污损害赔偿基金的，由海事管理机构督促货物所有人或其代理人补缴应缴纳的船舶油污损害赔偿基金；拒不缴纳的，海事管理机构有权停止其接收的持久性油类物质货物在中华人民共和国管辖水域进行装卸、过驳作业。对于未及时足额缴纳船舶油污损害赔偿基金的，自应缴纳之日起，按日加收未缴额万分之五的滞纳金，上缴中央国库，纳入船舶油污损害赔偿基金一并核算。

第二十九条　财政部驻各省、自治区、直辖市、计划单列市财政监察专员办事处应当定期或不定期地开展检查，对海事管理机构不按规定征收、上缴船舶油污损害赔偿基金，不按规定使用财政部统一监制的财政票据，截留、挤占、挪用船舶油污损害赔偿基金的，要责令改正，并按照《财政违法行为处罚处分条例》、《违反行政事业性收费和罚没收入收支两条线管理规定行政处分暂行规定》等有关法律法规进行处理处罚。

第三十条　对于违反本办法第二十七条规定行为的责任人员，依照《财政违法行为处罚处分条例》、《违反行政事业性收费和罚没收入收支两条线管理规定行政处分暂行规定》以及国家其他有关法律法规的规定，给予行政处分；涉嫌犯罪的，移交司法机关依法处理。

第五章　附　则

第三十一条　本办法自 2012 年 7 月 1 日起施行。

第三十二条　本办法由财政部会同交通运输部负责解释。

第三十三条　本办法的实施细则由交通运输部、财政部负责制定。

大中型水利水电工程建设征地补偿和移民安置条例

中华人民共和国国务院令

第 679 号

现公布《国务院关于修改〈大中型水利水电工程建设征地补偿和移民安置条例〉的决定》，自 2017 年 6 月 1 日起施行。

总理　李克强

2017 年 4 月 14 日

（2006 年 7 月 7 日中华人民共和国国务院令第 471 号公布；根据 2013 年 7 月 18 日《国务院关于废止和修改部分行政法规的决定》第一次修订；根据 2013 年 12 月 7 日《国务院关于修改部分行政法规的决定》第二次修订；根据 2017 年 4 月 14 日《国务院关于修改〈大中型水利水电工程建设征地补偿和移民安置条例〉的决定》第三次修订）

第一章　总　则

第一条　为了做好大中型水利水电工程建设征地补偿和移民安置工作，维护移民合法权益，保障工程建设的顺利进行，根据《中华人民共和国土地管理法》和《中华人民共和国水法》，制定本条例。

第二条　大中型水利水电工程的征地补偿和移民安置，适用本条例。

第三条　国家实行开发性移民方针，采取前期补偿、补助与后期扶持相结合的办法，使移民生活达到或者超过原有水平。

第四条　大中型水利水电工程建设征地补偿和移民安置应当遵循下列原则：

（一）以人为本，保障移民的合法权益，满足移民生存与发展的需求；

（二）顾全大局，服从国家整体安排，兼顾国家、集体、个人利益；

（三）节约利用土地，合理规划工程占地，控制移民规模；

（四）可持续发展，与资源综合开发利用、生态环境保护相协调；

（五）因地制宜，统筹规划。

第五条　移民安置工作实行政府领导、分级负责、县为基础、项目法人参与的管理体制。

国务院水利水电工程移民行政管理机构（以下简称国务院移民管理机构）负责全国大中型水利水电工程移民安置工作的管理和监督。

县级以上地方人民政府负责本行政区域内大中型水利水电工程

移民安置工作的组织和领导；省、自治区、直辖市人民政府规定的移民管理机构，负责本行政区域内大中型水利水电工程移民安置工作的管理和监督。

第二章　移民安置规划

第六条　已经成立项目法人的大中型水利水电工程，由项目法人编制移民安置规划大纲，按照审批权限报省、自治区、直辖市人民政府或者国务院移民管理机构审批；省、自治区、直辖市人民政府或者国务院移民管理机构在审批前应当征求移民区和移民安置区县级以上地方人民政府的意见。

没有成立项目法人的大中型水利水电工程，项目主管部门应当会同移民区和移民安置区县级以上地方人民政府编制移民安置规划大纲，按照审批权限报省、自治区、直辖市人民政府或者国务院移民管理机构审批。

第七条　移民安置规划大纲应当根据工程占地和淹没区实物调查结果以及移民区、移民安置区经济社会情况和资源环境承载能力编制。

工程占地和淹没区实物调查，由项目主管部门或者项目法人会同工程占地和淹没区所在地的地方人民政府实施；实物调查应当全面准确，调查结果经调查者和被调查者签字认可并公示后，由有关地方人民政府签署意见。实物调查工作开始前，工程占地和淹没区所在地的省级人民政府应当发布通告，禁止在工程占地和淹没区新增建设项目和迁入人口，并对实物调查工作作出安排。

第八条　移民安置规划大纲应当主要包括移民安置的任务、去向、标准和农村移民生产安置方式以及移民生活水平评价和搬迁后生活水平预测、水库移民后期扶持政策、淹没线以上受影响范围的划定原则、移民安置规划编制原则等内容。

第九条 编制移民安置规划大纲应当广泛听取移民和移民安置区居民的意见；必要时，应当采取听证的方式。

经批准的移民安置规划大纲是编制移民安置规划的基本依据，应当严格执行，不得随意调整或者修改；确需调整或者修改的，应当报原批准机关批准。

第十条 已经成立项目法人的，由项目法人根据经批准的移民安置规划大纲编制移民安置规划；没有成立项目法人的，项目主管部门应当会同移民区和移民安置区县级以上地方人民政府，根据经批准的移民安置规划大纲编制移民安置规划。

大中型水利水电工程的移民安置规划，按照审批权限经省、自治区、直辖市人民政府移民管理机构或者国务院移民管理机构审核后，由项目法人或者项目主管部门报项目审批或者核准部门，与可行性研究报告或者项目申请报告一并审批或者核准。

省、自治区、直辖市人民政府移民管理机构或者国务院移民管理机构审核移民安置规划，应当征求本级人民政府有关部门以及移民区和移民安置区县级以上地方人民政府的意见。

第十一条 编制移民安置规划应当以资源环境承载能力为基础，遵循本地安置与异地安置、集中安置与分散安置、政府安置与移民自找门路安置相结合的原则。

编制移民安置规划应当尊重少数民族的生产、生活方式和风俗习惯。

移民安置规划应当与国民经济和社会发展规划以及土地利用总体规划、城市总体规划、村庄和集镇规划相衔接。

第十二条 移民安置规划应当对农村移民安置、城（集）镇迁建、工矿企业迁建、专项设施迁建或者复建、防护工程建设、水库水域开发利用、水库移民后期扶持措施、征地补偿和移民安置资金概（估）算等作出安排。

对淹没线以上受影响范围内因水库蓄水造成的居民生产、生活困难问题，应当纳入移民安置规划，按照经济合理的原则，妥善处理。

第十三条 对农村移民安置进行规划，应当坚持以农业生产安置为主，遵循因地制宜、有利生产、方便生活、保护生态的原则，合理规划农村移民安置点；有条件的地方，可以结合小城镇建设进行。

农村移民安置后，应当使移民拥有与移民安置区居民基本相当的土地等农业生产资料。

第十四条 对城（集）镇移民安置进行规划，应当以城（集）镇现状为基础，节约用地，合理布局。

工矿企业的迁建，应当符合国家的产业政策，结合技术改造和结构调整进行；对技术落后、浪费资源、产品质量低劣、污染严重、不具备安全生产条件的企业，应当依法关闭。

第十五条 编制移民安置规划应当广泛听取移民和移民安置区居民的意见；必要时，应当采取听证的方式。

经批准的移民安置规划是组织实施移民安置工作的基本依据，应当严格执行，不得随意调整或者修改；确需调整或者修改的，应当依照本条例第十条的规定重新报批。

未编制移民安置规划或者移民安置规划未经审核的大中型水利水电工程建设项目，有关部门不得批准或者核准其建设，不得为其办理用地等有关手续。

第十六条 征地补偿和移民安置资金、依法应当缴纳的耕地占用税和耕地开垦费以及依照国务院有关规定缴纳的森林植被恢复费等应当列入大中型水利水电工程概算。

征地补偿和移民安置资金包括土地补偿费、安置补助费，农村居民点迁建、城（集）镇迁建、工矿企业迁建以及专项设施迁建或者复建补偿费（含有关地上附着物补偿费），移民个人财产补偿费（含地上附着物和青苗补偿费）和搬迁费，库底清理费，淹没区文物保护费和国家规定的其他费用。

第十七条　农村移民集中安置的农村居民点、城（集）镇、工矿企业以及专项设施等基础设施的迁建或者复建选址，应当依法做好环境影响评价、水文地质与工程地质勘察、地质灾害防治和地质灾害危险性评估。

第十八条　对淹没区内的居民点、耕地等，具备防护条件的，应当在经济合理的前提下，采取修建防护工程等防护措施，减少淹没损失。

防护工程的建设费用由项目法人承担，运行管理费用由大中型水利水电工程管理单位负责。

第十九条　对工程占地和淹没区内的文物，应当查清分布，确认保护价值，坚持保护为主、抢救第一的方针，实行重点保护、重点发掘。

第三章　征地补偿

第二十条　依法批准的流域规划中确定的大中型水利水电工程建设项目的用地，应当纳入项目所在地的土地利用总体规划。

大中型水利水电工程建设项目核准或者可行性研究报告批准后，项目用地应当列入土地利用年度计划。

属于国家重点扶持的水利、能源基础设施的大中型水利水电工程建设项目，其用地可以以划拨方式取得。

第二十一条　大中型水利水电工程建设项目用地，应当依法申请并办理审批手续，实行一次报批、分期征收，按期支付征地补偿费。

对于应急的防洪、治涝等工程，经有批准权的人民政府决定，可以先行使用土地，事后补办用地手续。

第二十二条 大中型水利水电工程建设征收土地的土地补偿费和安置补助费，实行与铁路等基础设施项目用地同等补偿标准，按照被征收土地所在省、自治区、直辖市规定的标准执行。

被征收土地上的零星树木、青苗等补偿标准，按照被征收土地所在省、自治区、直辖市规定的标准执行。

被征收土地上的附着建筑物按照其原规模、原标准或者恢复原功能的原则补偿；对补偿费用不足以修建基本用房的贫困移民，应当给予适当补助。

使用其他单位或者个人依法使用的国有耕地，参照征收耕地的补偿标准给予补偿；使用未确定给单位或者个人使用的国有未利用地，不予补偿。

移民远迁后，在水库周边淹没线以上属于移民个人所有的零星树木、房屋等应当分别依照本条第二款、第三款规定的标准给予补偿。

第二十三条 大中型水利水电工程建设临时用地，由县级以上人民政府土地主管部门批准。

第二十四条 工矿企业和交通、电力、电信、广播电视等专项设施以及中小学的迁建或者复建，应当按照其原规模、原标准或者恢复原功能的原则补偿。

第二十五条 大中型水利水电工程建设占用耕地的，应当执行占补平衡的规定。为安置移民开垦的耕地、因大中型水利水电工程建设而进行土地整理新增的耕地、工程施工新造的耕地可以抵扣或者折抵建设占用耕地的数量。

大中型水利水电工程建设占用 25 度以上坡耕地的，不计入需要补充耕地的范围。

第四章　移民安置

第二十六条　移民区和移民安置区县级以上地方人民政府负责移民安置规划的组织实施。

第二十七条　大中型水利水电工程开工前，项目法人应当根据经批准的移民安置规划，与移民区和移民安置区所在的省、自治区、直辖市人民政府或者市、县人民政府签订移民安置协议；签订协议的省、自治区、直辖市人民政府或者市人民政府，可以与下一级有移民或者移民安置任务的人民政府签订移民安置协议。

第二十八条　项目法人应当根据大中型水利水电工程建设的要求和移民安置规划，在每年汛期结束后 60 日内，向与其签订移民安置协议的地方人民政府提出下年度移民安置计划建议；签订移民安置协议的地方人民政府，应当根据移民安置规划和项目法人的年度移民安置计划建议，在与项目法人充分协商的基础上，组织编制并下达本行政区域的下年度移民安置年度计划。

第二十九条　项目法人应当根据移民安置年度计划，按照移民安置实施进度将征地补偿和移民安置资金支付给与其签订移民安置协议的地方人民政府。

第三十条　农村移民在本县通过新开发土地或者调剂土地集中安置的，县级人民政府应当将土地补偿费、安置补助费和集体财产补偿费直接全额兑付给该村集体经济组织或者村民委员会。

农村移民分散安置到本县内其他村集体经济组织或者村民委员会的，应当由移民安置村集体经济组织或者村民委员会与县级人民政府签订协议，按照协议安排移民的生产和生活。

第三十一条　农村移民在本省行政区域内其他县安置的，与项目法人签订移民安置协议的地方人民政府，应当及时将相应的征地补偿和移民安置资金交给移民安置区县级人民政府，用于安排移民的生产和生活。

农村移民跨省安置的，项目法人应当及时将相应的征地补偿和移民安置资金交给移民安置区省、自治区、直辖市人民政府，用于安排移民的生产和生活。

第三十二条 搬迁费以及移民个人房屋和附属建筑物、个人所有的零星树木、青苗、农副业设施等个人财产补偿费，由移民区县级人民政府直接全额兑付给移民。

第三十三条 移民自愿投亲靠友的，应当由本人向移民区县级人民政府提出申请，并提交接收地县级人民政府出具的接收证明；移民区县级人民政府确认其具有土地等农业生产资料后，应当与接收地县级人民政府和移民共同签订协议，将土地补偿费、安置补助费交给接收地县级人民政府，统筹安排移民的生产和生活，将个人财产补偿费和搬迁费发给移民个人。

第三十四条 城（集）镇迁建、工矿企业迁建、专项设施迁建或者复建补偿费，由移民区县级以上地方人民政府交给当地人民政府或者有关单位。因扩大规模、提高标准增加的费用，由有关地方人民政府或者有关单位自行解决。

第三十五条 农村移民集中安置的农村居民点应当按照经批准的移民安置规划确定的规模和标准迁建。

农村移民集中安置的农村居民点的道路、供水、供电等基础设施，由乡（镇）、村统一组织建设。

农村移民住房，应当由移民自主建造。有关地方人民政府或者村民委员会应当统一规划宅基地，但不得强行规定建房标准。

第三十六条 农村移民安置用地应当依照《中华人民共和国土地管理法》和《中华人民共和国农村土地承包法》办理有关手续。

第三十七条 移民安置达到阶段性目标和移民安置工作完毕

后，省、自治区、直辖市人民政府或者国务院移民管理机构应当组织有关单位进行验收；移民安置未经验收或者验收不合格的，不得对大中型水利水电工程进行阶段性验收和竣工验收。

第五章　后期扶持

第三十八条　移民安置区县级以上地方人民政府应当编制水库移民后期扶持规划，报上一级人民政府或者其移民管理机构批准后实施。

编制水库移民后期扶持规划应当广泛听取移民的意见；必要时，应当采取听证的方式。

经批准的水库移民后期扶持规划是水库移民后期扶持工作的基本依据，应当严格执行，不得随意调整或者修改；确需调整或者修改的，应当报原批准机关批准。

未编制水库移民后期扶持规划或者水库移民后期扶持规划未经批准，有关单位不得拨付水库移民后期扶持资金。

第三十九条　水库移民后期扶持规划应当包括后期扶持的范围、期限、具体措施和预期达到的目标等内容。水库移民安置区县级以上地方人民政府应当采取建立责任制等有效措施，做好后期扶持规划的落实工作。

第四十条　水库移民后期扶持资金应当按照水库移民后期扶持规划，主要作为生产生活补助发放给移民个人；必要时可以实行项目扶持，用于解决移民村生产生活中存在的突出问题，或者采取生产生活补助和项目扶持相结合的方式。具体扶持标准、期限和资金的筹集、使用管理依照国务院有关规定执行。

省、自治区、直辖市人民政府根据国家规定的原则，结合本行政区域实际情况，制定水库移民后期扶持具体实施办法，报国务院批准后执行。

第四十一条 各级人民政府应当加强移民安置区的交通、能源、水利、环保、通信、文化、教育、卫生、广播电视等基础设施建设，扶持移民安置区发展。

移民安置区地方人民政府应当将水库移民后期扶持纳入本级人民政府国民经济和社会发展规划。

第四十二条 国家在移民安置区和大中型水利水电工程受益地区兴办的生产建设项目，应当优先吸收符合条件的移民就业。

第四十三条 大中型水利水电工程建成后形成的水面和水库消落区土地属于国家所有，由该工程管理单位负责管理，并可以在服从水库统一调度和保证工程安全、符合水土保持和水质保护要求的前提下，通过当地县级人民政府优先安排给当地农村移民使用。

第四十四条 国家在安排基本农田和水利建设资金时，应当对移民安置区所在县优先予以扶持。

第四十五条 各级人民政府及其有关部门应当加强对移民的科学文化知识和实用技术的培训，加强法制宣传教育，提高移民素质，增强移民就业能力。

第四十六条 大中型水利水电工程受益地区的各级地方人民政府及其有关部门应当按照优势互补、互惠互利、长期合作、共同发展的原则，采取多种形式对移民安置区给予支持。

第六章 监督管理

第四十七条 国家对移民安置和水库移民后期扶持实行全过程监督。省、自治区、直辖市人民政府和国务院移民管理机构应当加强对移民安置和水库移民后期扶持的监督，发现问题应当及时采取措施。

第四十八条 国家对征地补偿和移民安置资金、水库移民后期扶持资金的拨付、使用和管理实行稽察制度，对拨付、使用和管理征地补偿和移民安置资金、水库移民后期扶持资金的有关地方人民政府及其有关部门的负责人依法实行任期经济责任审计。

第四十九条 县级以上人民政府应当加强对下级人民政府及其财政、发展改革、移民等有关部门或者机构拨付、使用和管理征地补偿和移民安置资金、水库移民后期扶持资金的监督。

县级以上地方人民政府或者其移民管理机构应当加强对征地补偿和移民安置资金、水库移民后期扶持资金的管理，定期向上一级人民政府或者其移民管理机构报告并向项目法人通报有关资金拨付、使用和管理情况。

第五十条 各级审计、监察机关应当依法加强对征地补偿和移民安置资金、水库移民后期扶持资金拨付、使用和管理情况的审计和监察。

县级以上人民政府财政部门应当加强对征地补偿和移民安置资金、水库移民后期扶持资金拨付、使用和管理情况的监督。

审计、监察机关和财政部门进行审计、监察和监督时，有关单位和个人应当予以配合，及时提供有关资料。

第五十一条 国家对移民安置实行全过程监督评估。签订移民安置协议的地方人民政府和项目法人应当采取招标的方式，共同委托移民安置监督评估单位对移民搬迁进度、移民安置质量、移民资金的拨付和使用情况以及移民生活水平的恢复情况进行监督评估；被委托方应当将监督评估的情况及时向委托方报告。

第五十二条 征地补偿和移民安置资金应当专户存储、专账核算，存储期间的孳息，应当纳入征地补偿和移民安置资金，不得挪作他用。

第五十三条 移民区和移民安置区县级人民政府，应当以村为单位将大中型水利水电工程征收的土地数量、土地种类和实物调查结果、补偿范围、补偿标准和金额以及安置方案等向群众公布。群众提出异议的，县级人民政府应当及时核查，并对统计调查结果不准确的事项进行改正；经核查无误的，应当及时向群众解释。

有移民安置任务的乡（镇）、村应当建立健全征地补偿和移民安置资金的财务管理制度，并将征地补偿和移民安置资金收支情况张榜公布，接受群众监督；土地补偿费和集体财产补偿费的使用方案应当经村民会议或者村民代表会议讨论通过。

移民安置区乡（镇）人民政府、村（居）民委员会应当采取有效措施帮助移民适应当地的生产、生活，及时调处矛盾纠纷。

第五十四条 县级以上地方人民政府或者其移民管理机构以及项目法人应当建立移民工作档案，并按照国家有关规定进行管理。

第五十五条 国家切实维护移民的合法权益。

在征地补偿和移民安置过程中，移民认为其合法权益受到侵害的，可以依法向县级以上人民政府或者其移民管理机构反映，县级以上人民政府或者其移民管理机构应当对移民反映的问题进行核实并妥善解决。移民也可以依法向人民法院提起诉讼。

移民安置后，移民与移民安置区当地居民享有同等的权利，承担同等的义务。

第五十六条 按照移民安置规划必须搬迁的移民，无正当理由不得拖延搬迁或者拒迁。已经安置的移民不得返迁。

第七章 法律责任

第五十七条 违反本条例规定，有关地方人民政府、移民管理机构、项目审批部门及其他有关部门有下列行为之一的，对直接负责的主管人员和其他直接责任人员依法给予行政处分；造成严重后果，有关责任人员构成犯罪的，依法追究刑事责任：

（一）违反规定批准移民安置规划大纲、移民安置规划或者水库移民后期扶持规划的；

（二）违反规定批准或者核准未编制移民安置规划或者移民安置规划未经审核的大中型水利水电工程建设项目的；

（三）移民安置未经验收或者验收不合格而对大中型水利水电工程进行阶段性验收或者竣工验收的；

（四）未编制水库移民后期扶持规划，有关单位拨付水库移民后期扶持资金的；

（五）移民安置管理、监督和组织实施过程中发现违法行为不予查处的；

（六）在移民安置过程中发现问题不及时处理，造成严重后果以及有其他滥用职权、玩忽职守等违法行为的。

第五十八条 违反本条例规定，项目主管部门或者有关地方人民政府及其有关部门调整或者修改移民安置规划大纲、移民安置规划或者水库移民后期扶持规划的，由批准该规划大纲、规划的有关人民政府或者其有关部门、机构责令改正，对直接负责的主管人员和其他直接责任人员依法给予行政处分；造成重大损失，有关责任人员构成犯罪的，依法追究刑事责任。

违反本条例规定，项目法人调整或者修改移民安置规划大纲、移民安置规划的，由批准该规划大纲、规划的有关人民政府或者其有关部门、机构责令改正，处 10 万元以上 50 万元以下的罚款；对直接负责的主管人员和其他直接责任人员处 1 万元以上 5 万元以下的罚款；造成重大损失，有关责任人员构成犯罪的，依法追究刑事责任。

第五十九条 违反本条例规定，在编制移民安置规划大纲、移民安置规划、水库移民后期扶持规划，或者进行实物调查、移民安置监督评估中弄虚作假的，由批准该规划大纲、规划的有关人民政府或者其有关部门、机构责令改正，对有关单位处 10 万元以上 50 万元以下的罚款；对直接负责的主管人员和其他直接责任人员处 1 万元以上 5 万元以下的罚款；给他人造成损失的，依法承担赔偿责任。

第六十条 违反本条例规定，侵占、截留、挪用征地补偿和移民安置资金、水库移民后期扶持资金的，责令退赔，并处侵占、截留、挪用资金额 3 倍以下的罚款，对直接负责的主管人员和其他责任人员依法给予行政处分；构成犯罪的，依法追究有关责任人员的刑事责任。

第六十一条 违反本条例规定，拖延搬迁或者拒迁的，当地人民政府或者其移民管理机构可以申请人民法院强制执行；违反治安管理法律、法规的，依法给予治安管理处罚；构成犯罪的，依法追究有关责任人员的刑事责任。

第八章 附 则

第六十二条 长江三峡工程的移民工作，依照《长江三峡工程建设移民条例》执行。

南水北调工程的征地补偿和移民安置工作，依照本条例执行。但是，南水北调工程中线、东线一期工程的移民安置规划的编制审批，依照国务院的规定执行。

第六十三条 本条例自 2006 年 9 月 1 日起施行。1991 年 2 月 15 日国务院发布的《大中型水利水电工程建设征地补偿和移民安置条例》同时废止。

附　录

水库移民补偿经费管理办法（试行）

电力工业部关于印发
《水库移民补偿经费管理办法（试行）》的通知

为了管好用好水库移民补偿经费、做好移民安置工作，根据国务院颁布的《大中型水利水电工程建设征地补偿和移民安置条例》（国务院第 74 号令）和《国务院批转国家计委关于加强水库移民工作若干意见的通知》（国发〔1992〕20 号）的要求，制定了《水库移民补偿经费管理办法（试行）》，现印发你们，请遵照执行。

电力工业部

1998 年 2 月 20 日

第一章　总　则

第一条　为了管好用好大中型水电工程水库淹没处理和移民安置补偿、补助经费（以下简称移民经费），根据国务院颁布的《大中型水利水电工程建设征地补偿和移民安置条例》（国务院第 74 号令）和《国务院批转国家计委关于加强水库移民工作若干意见的通知》（国发〔1992〕20 号）的要求，制定本办法。

第二条 移民经费是按《大中型水利水电工程建设征地补偿和移民安置条例》的规定，定向和无偿用于移民的专项经费。

第三条 移民经费的使用，贯彻开发性移民方针，使移民安置与库区建设、资源开发、水土保持、经济发展相结合，促进库区和安置区的发展。

第四条 移民经费的使用，实行分级包干责任制。省级人民政府对经国家批准的淹没实物指标和移民安置规划方案负责包干；各级有关地方政府，按上一级政府分解的经费包干使用，包干完成水库淹没处理和移民安置任务。

第五条 移民经费实行专款专用的使用原则。任何单位和个人不得挪用和挤占。城镇迁建不得挤占农村移民经费，市政迁建不得挤占个人移民经费，移民生活安置不得挤占生产安置经费。

第六条 水电工程建设单位（指工程建设业主单位，简称建设单位，下同），应按经批准的移民安置规划和年度移民经费使用计划，向移民管理机构拨付移民经费，以保证移民安置任务按期完成。

第七条 移民经费由各级移民机构负责管理。各有关地方政府，应按照本办法的规定，加强领导，定期检查监督，保证真正管好用好移民经费。

第二章　使用范围

第八条 移民经费的使用范围划为十大项：

一、农村移民补偿费；

二、集镇迁建补偿费；

三、城镇迁建补偿费；

四、专业项目复建补偿费；

五、防护工程费；

六、库底清理费；

七、其他费用（含勘测规划设计费、实施管理费、技术培训费、监理费）；

八、预备费；

九、建设期贷款利息；

十、有关税费。

第九条 农村移民补偿费划分为移民生活安置经费和移民生产安置经费两大项：

一、移民生活安置经费：包括各类房屋及附属建筑物迁建补偿、移民户零星果木补偿、搬迁损失、搬迁运输和误工补贴等费用，以及新址水、路、电、文教卫等设施建设的补助。

二、移民生产安置经费：包括土地征用补偿和安置补助、小型水利电力设施迁建补偿、农副业加工设施补偿、移民集体企业迁建补偿等。

第十条 集镇迁建补偿费和城镇迁建补偿费划分为房屋迁建经费和基础设施迁建经费两大项：

一、房屋迁建经费：包括集镇、城镇各类房屋和地面附着物迁建补偿及与房屋迁建有关的搬迁运输、搬迁损失、误工补贴等费用。

二、基础设施迁建经费：包括新址征地、移民安置补偿"三通一平"费用和公用设施建设费用。

第十一条 专业项目复建补偿费：包括铁路、公路、码头、渡口、电讯、广播、电力、水文、文物和工矿企业、事业单位等专项复建费用。

第三章 计划与分配

第十二条 省（区、市）级移民管理机构依据审定的移民安置规划、投资概算和进度要求，制定移民安置实施计划和分年度分项目经费计划，上报纳入工程总计划和分年度经费计划。

第十三条 年度移民经费使用计划由各级移民管理机构依据移民安置实施计划和分年度分项目经费计划从下至上逐级编报，最后由省（区、市）级移民管理机构审核汇总主送建设单位。

第十四条 省（区、市）级移民管理机构对批准的年度移民经费使用计划，按项目隶属关系，分别下达到安置区地、县和有关主管部门，认真组织实施，按进度拨付经费，定期检查实施情况。年度终了，应对全年计划执行情况进行全面总结，并按规定逐级编报统计报表，最终报送国家主管部门和建设单位。

第十五条 移民经费的分配，应以审定的淹没实物指标和移民安置规划以及本库区分类型、分等级的补偿标准为依据，逐级分解分配到县、区、乡、村、组、户和机关、事业、企业单位。

第十六条 移民房屋迁建等生活安置经费指标，应逐级分解，最终由县移民管理机构分配到移民户和单位，并以户和单位建立补偿经费卡片。

第十七条 移民村民组集体的土地补偿和安置补助等生产安置经费指标，应根据上级审定的使用方式，进行合理分解分配。

第十八条 城镇基础设施迁建、专业项目复建、防护工程、库底清理等经费指标，按项目迁建隶属关系，分别由省或地区或县移民管理机构分配到负责迁建的库区县（市）、区、镇政府、有关主管部门和管理单位。

第十九条 预备费、其他费用中的实施管理费和技术培训费、有关税费等指标，由省（区、市）级移民管理机构统一管理，按经审定的年度移民经费使用计划从严掌握使用。根据情况，可采用一次性、单项、分年度的形式，逐级下达到下一级移民机构按规定使用。其它费用中的勘测规划设计费、监理费及建设期贷款利息由工程建设单位统一管理和支付。

第四章　农村移民生产安置经费的管理

第二十条　农村移民生产安置经费的使用方式：

一、分解分配到移民村民组集体掌握使用；

二、由县级以上政府或移民管理机构统一掌握使用；

三、分配到基层与统一掌握相结合使用。

采用何种使用方式，由省（区、市）级移民管理机构因地制宜、因库制宜决定。

第二十一条　农村移民生产安置经费的主要使用范围：

一、后靠移民修田造地、低产田改造、兴修水利，发展林果和发展水产养殖等；

二、外迁移民在安置区的生产安置费用；

三、库区和安置区的移民经济开发及与发展生产有直接关系的基础设施；

四、为落实移民生产门路和安置移民劳动力而兴办移民经济实体或向二、三产业投资入股、以资带劳；

五、建立移民生产风险基金及其它有利于移民发展生产的措施。

第二十二条　移民生产安置经费不得用于募捐、购买有价证券、支付各种摊派以及与落实移民生产门路无关的费用。

第二十三条　移民生产安置经费应依据移民安置规划组织实施和使用，建立健全使用决策的审批制度，提高移民生产安置经费使用的正确性。使用决策失误的后果，应由有关决策单位承担。

第二十四条　移民生产安置经费要把政策规定、补偿标准、补偿数额、使用原则、使用方式和分配指标逐级公开。

第二十五条　移民生产安置经费指标分配到村民组集体的部分，要按审批的移民安置项目安排使用，并由县移民管理机构按使用原则监督审批。由县以上统一掌握使用的部分，使用决策要请有代表性的移民代表参加，并按规定报批。

第五章 项目管理

第二十六条 移民经费项目管理的主要任务是：在规划确定的项目范围内，按项目安排资金，组织项目的实施、竣工验收和交付使用。在项目管理过程中，确保经费的合理调配、使用，保证项目任务的完成。

第二十七条 移民安置的项目以审定的移民安置规划中各大项目和分项目为准，概算投资应与审定的项目对口。

第二十八条 库区专业项目复建、防护工程、库底清理和城镇迁建的基础设施等项目，根据规划审定的规模和标准，由项目迁建主管部门或管理单位，编报项目迁建的技施设计，由省（区、市）级移民管理机构（或委托其下一级移民管理机构）组织审批设计，并在项目概算投资限额以内审定项目迁建的经费数额。

第二十九条 项目经费依据规划或技施设计确定的补偿经费数额和年度计划指标以及项目进度分期安排。移民户的房屋迁建补偿，原则上应根据进度分期安排。

第三十条 项目的组织实施实行经济责任制。根据项目的隶属关系，由县或地区或省移民管理机构与项目建设单位签订合同，明确双方的权利和责任，保证项目的顺利实施和项目建设质量。同时接受水库移民监理单位对项目实施的质量和费用使用情况的监理。水库移民监理单位对省（区、市）级政府和国家主管部门以及建设单位负责。

第三十一条 项目实施超过审定规划的规模和标准的，其扩大规模、提高标准部分的经费，由有关地方政府或主管部门自己承担。规划以外的项目，由审批者承担经费。

第三十二条 项目的总结验收

一、项目完成后，由项目实施单位及时做好验收的各种准备，提供所需的有关数据和资料，对项目实施情况进行全面总结，并提出申请验收的报告。

二、根据项目隶属关系，分别由县或地区或省移民管理机构组织验收。要组织有关单位、人员组成验收小组，根据批准的规划、设计进行验收，写出验收报告。上级移民管理机构对项目完成优良的，要给予表彰奖励；对质量差的，要给予批评；对不合格的，要追究实施单位、监理单位的责任，并负责及时采取措施进行补救。

三、移民安置总验收，原则上由省（区、市）级移民管理机构组织，并报请国家主管部门主持验收。

第三十三条　项目竣工验收合格后，根据竣工决算向建设单位办理资产移交手续。

第六章　财务管理

第三十四条　各级移民管理机构应加强移民经费财务管理工作的领导，设置相应的财务机构，配备必要的财会人员，建立健全财会制度和财会工作岗位责任制，支持财会人员履行职责。

第三十五条　各级移民管理机构应认真执行国家有关财会制度，遵守财经纪律，贯彻"厉行节约"、"勤俭办一切事业"的方针。要依法建帐，加强会计核算，编制会计报表。要加强资产管理，防止资产流失。

第三十六条　各级移民管理机构要建立移民经费拨付的严格程序，严格按计划、按制度、按程序拨款、用款。

第三十七条　各移民项目的实施单位，要在各级移民机构的指导下建立健全财务制度、会计帐务，并编制会计报表报送项目经费的拨款单位。

第三十八条　各级移民管理机构要按照国家基本建设项目的有关规定，每年一季度前逐级上报上一年度的财务决算，经逐级审查后，由省（区、市）级移民管理机构审核汇总，并报国家主管部门和建设单位。

第七章　检查监督

第三十九条　各级移民管理机构要加强移民经费使用管理情况的检查，定期进行内部审计，发现问题及时研究处理和纠正。

第四十条　各级人民政府应将移民经费纳入重点审计对象，由政府审计机关或委托社会审计中介机构对各级移民机构的移民经费使用情况和会计报告进行年度审计。各级移民机构应根据审计决定及时处理和解决问题。审计报告和审计决定，应报有关的各级政府、国家主管部门和建设单位。

第四十一条　建设单位有检查监督所拨付移民经费使用情况的权利和责任；对审计或以其他方式发现的问题，特别是重大问题，应及时向有关地方政府和移民管理机构提出纠正的意见；对确属问题严重而又不纠正的，有权暂停拨款并报告国家主管部门。

第四十二条　对凡违反财经纪律的单位和个人，要依照《国务院关于违反财政法规处罚的暂行规定》等有关法规严肃处理；对贪污、截留、挪用、铺张浪费、偷工减料的行为，要追究单位领导和直接责任人的责任，触犯刑律的，交司法部门处理。

第八章　附　则

第四十三条　在建的大中型水电工程水库移民前期补偿、补助经费的管理适用本办法。后期扶持基金的管理办法另行制订。

第四十四条　各省、自治区、直辖市可根据本办法结合当地实际情况制定实施细则。

第四十五条　本办法由电力部负责解释。

第四十六条　本办法自颁布之日起执行。

蓄滞洪区运用补偿暂行办法

中华人民共和国国务院令

第 286 号

《蓄滞洪区运用补偿暂行办法》已经 2000 年 5 月 23 日国务院第 28 次常务会议通过，现予发布，自发布之日起施行。

总理　朱镕基

2000 年 5 月 27 日

第一章　总　则

第一条　为了保障蓄滞洪区的正常运用，确保受洪水威胁的重点地区的防洪安全，合理补偿蓄滞洪区内居民因蓄滞洪遭受的损失，根据《中华人民共和国防洪法》，制定本办法。

第二条　本办法适用于附录所列国家蓄滞洪区。

依照《中华人民共和国防洪法》的规定，国务院或者国务院水行政主管部门批准的防洪规划或者防御洪水方案需要修改，并相应调整国家蓄滞洪区时，由国务院水行政主管部门对本办法附录提出修订意见，报国务院批准、公布。

第三条 蓄滞洪区运用补偿，遵循下列原则：

（一）保障蓄滞洪区居民的基本生活；

（二）有利于蓄滞洪区恢复农业生产；

（三）与国家财政承受能力相适应。

第四条 蓄滞洪区所在地的各级地方人民政府应当按照国家有关规定，加强蓄滞洪区的安全建设和管理，调整产业结构，控制人口增长，有计划地组织人口外迁。

第五条 蓄滞洪区运用前，蓄滞洪区所在地的各级地方人民政府应当组织有关部门和单位做好蓄滞洪区内人员、财产的转移和保护工作，尽量减少蓄滞洪造成的损失。

第六条 国务院财政主管部门和国务院水行政主管部门依照本办法的规定，负责全国蓄滞洪区运用补偿工作的组织实施和监督管理。

国务院水行政主管部门在国家确定的重要江河、湖泊设立的流域管理机构，对所辖区域内蓄滞洪区运用补偿工作实施监督、指导。

蓄滞洪区所在地的地方各级人民政府依照本办法的规定，负责本行政区域内蓄滞洪区运用补偿工作的具体实施和管理。上一级人民政府应当对下一级人民政府的蓄滞洪区运用补偿工作实施监督。

蓄滞洪区所在地的县级以上地方人民政府有关部门在本级人民政府规定的职责范围内，负责蓄滞洪区运用补偿的有关工作。

第七条 任何组织和个人不得骗取、侵吞和挪用蓄滞洪区运用补偿资金。

第八条 审计机关应当加强对蓄滞洪区运用补偿资金的管理和使用情况的审计监督。

第二章　补偿对象、范围和标准

第九条　蓄滞洪区内具有常住户口的居民（以下简称区内居民），在蓄滞洪区运用后，依照本办法的规定获得补偿。

区内居民除依照本办法获得蓄滞洪区运用补偿外，同时按照国家有关规定享受与其他洪水灾区灾民同样的政府救助和社会捐助。

第十条　蓄滞洪区运用后，对区内居民遭受的下列损失给予补偿：

（一）农作物、专业养殖和经济林水毁损失；

（二）住房水毁损失；

（三）无法转移的家庭农业生产机械和役畜以及家庭主要耐用消费品水毁损失。

第十一条　蓄滞洪区运用后造成的下列损失，不予补偿：

（一）根据国家有关规定，应当退田而拒不退田，应当迁出而拒不迁出，或者退田、迁出后擅自返耕、返迁造成的水毁损失；

（二）违反蓄滞洪区安全建设规划或者方案建造的住房水毁损失；

（三）按照转移命令能转移而未转移的家庭农业生产机械和役畜以及家庭主要耐用消费品水毁损失。

第十二条　蓄滞洪区运用后，按照下列标准给予补偿：

（一）农作物、专业养殖和经济林，分别按照蓄滞洪前三年平均年产值的 50—70%、40—50%、40—50%补偿，具体补偿标准由蓄滞洪区所在地的省级人民政府根据蓄滞洪后的实际水毁情况在上述规定的幅度内确定。

（二）住房，按照水毁损失的70%补偿。

（三）家庭农业生产机械和役畜以及家庭主要耐用消费品，按照水毁损失的50%补偿。但是，家庭农业生产机械和役畜以及家庭主要耐用消费品的登记总价值在2000元以下的，按照水毁损失的100%补偿；水毁损失超过2000元不足4000元的，按照2000元补偿。

第十三条 已下达蓄滞洪转移命令，因情况变化未实施蓄滞洪造成损失的，给予适当补偿。

第三章 补偿程序

第十四条 蓄滞洪区所在地的县级人民政府应当组织有关部门和乡（镇）人民政府（含街道办事处，下同）对区内居民的承包土地、住房、家庭农业生产机械和役畜以及家庭主要耐用消费品逐户进行登记，并由村（居）民委员会张榜公布；在规定时间内村（居）民无异议的，由县、乡、村分级建档立卡。

以村或者居民委员会为单位进行财产登记时，应当有村（居）民委员会干部、村（居）民代表参加。

第十五条 已登记公布的区内居民的承包土地、住房或者其他财产发生变更时，村（居）民委员会应当于每年汛前汇总，并向乡（镇）人民政府提出财产变更登记申请，由乡（镇）人民政府核实登记后，报蓄滞洪区所在地的县级人民政府指定的部门备案。

第十六条 蓄滞洪区所在地的县级人民政府应当及时将区内居民的承包土地、住房、家庭农业生产机械和役畜以及家庭主要耐用消费品的登记情况及变更登记情况汇总后抄报所在流域管理机构备案。流域管理机构应当根据每年汛期预报，对财产登记及变更登记情况进行必要的抽查。

第十七条 蓄滞洪区运用后，蓄滞洪区所在地的县级人民政府应当及时组织有关部门和乡（镇）人民政府核查区内居民损失情况，按照规定的补偿标准，提出补偿方案，经省级人民政府或者其授权的主管部门核实后，由省级人民政府上报国务院。

以村或者居民委员会为单位核查损失时，应当有村（居）民委员会干部、村（居）民代表参加，并对损失情况张榜公布。

省级人民政府上报的补偿方案，由国务院财政主管部门和国务院水行政主管部门负责审查、核定，提出补偿资金的总额，报国务院批准后下达。

省级人民政府在上报补偿方案时，应当附具所在流域管理机构签署的意见。

第十八条 蓄滞洪区运用补偿资金由中央财政和蓄滞洪区所在地的省级财政共同承担；具体承担比例由国务院财政主管部门根据蓄滞洪后的实际损失情况和省级财政收入水平拟定，报国务院批准。

蓄滞洪区运用后，补偿资金应当及时、足额拨付到位。资金拨付和管理办法由国务院财政主管部门会同国务院水行政主管部门制定。

第十九条 蓄滞洪区所在地的县级人民政府在补偿资金拨付到位后，应当及时制定具体补偿方案，由乡（镇）人民政府逐户确定具体补偿金额，并由村（居）民委员会张榜公布。

补偿金额公布无异议后，由乡（镇）人民政府组织发放补偿凭证，区内居民持补偿凭证、村（居）民委员会出具的证明和身份证明到县级财政主管部门指定的机构领取补偿金。

第二十条 流域管理机构应当加强对所辖区域内补偿资金发放情况的监督，必要时应当会同省级人民政府或者其授权的主管部门进行调查，并及时将补偿资金总的发放情况上报国务院财政主管部门和国务院水行政主管部门，同时抄送省级人民政府。

第四章　罚　则

第二十一条　有下列行为之一的，由蓄滞洪区所在地的县级以上地方人民政府责令立即改正，并对直接负责的主管人员和其他直接责任人员依法给予行政处分：

（一）在财产登记工作中弄虚作假的；

（二）在蓄滞洪区运用补偿过程中谎报、虚报损失的。

第二十二条　骗取、侵吞或者挪用补偿资金，构成犯罪的，依法追究刑事责任；尚不构成犯罪的，依法给予行政处分。

第五章　附　则

第二十三条　本办法规定的财产登记、财产变更登记等有关文书格式，由国务院水行政主管部门统一制订，蓄滞洪区所在地的省级人民政府水行政主管部门负责印制。

第二十四条　财产登记、财产变更登记不得向区内居民收取任何费用，所需费用由蓄滞洪区所在地县级人民政府统筹解决。

第二十五条　省级人民政府批准的防洪规划或者防御洪水方案中确定的蓄滞洪区的运用补偿办法，由有关省级人民政府制定。

第二十六条　本办法自发布之日起施行。

附：

国家蓄滞洪区名录

长江流域：围堤湖、六角山、九垸、西官垸、安澧垸、澧南垸、安昌垸、安化垸、南顶垸、和康垸、南汉垸、民主垸、共双茶、城西垸、屈原农场、义和垸、北湖垸、集成安合、钱粮湖、建设垸、建新农场、君山农场、大通湖东、江南陆城、荆江分洪区、宛市扩建区、虎西备蓄区、人民大垸、洪湖分洪区、杜家台、西凉湖、东西湖、武湖、张渡湖、白潭湖、康山圩、珠湖圩、黄湖圩、方洲斜塘、华阳河。（共40个）

黄河流域：北金堤、东平湖、北展宽区、南展宽区、大功。（共5个）

海河流域：永定河泛区、小清河分洪区、东淀、文安洼、贾口洼、兰沟洼、宁晋泊、大陆泽、良相坡、长虹渠、白寺坡、大名泛区、恩县洼、盛庄洼、青甸洼、黄庄洼、大黄铺洼、三角淀、白洋淀、小滩坡、任固坡、共渠西、广润坡、团泊洼、永年洼、献县泛区。（共26个）

淮河流域：蒙洼、城西湖、城东湖、瓦埠湖、老汪湖、泥河洼、老王坡、蛟停湖、黄墩湖、南润段、邱家湖、姜家湖、唐垛湖、寿西湖、董峰湖、上六坊堤、下六坊堤、石姚湾、洛河洼、汤渔湖、荆山湖、方邱湖、临北段、花园湖、香浮段、潘村洼。（共26个）

附　录

国家蓄滞洪区运用财政补偿资金管理规定

中华人民共和国财政部令

第 37 号

　　财政部对《国家蓄滞洪区运用财政补偿资金管理规定》（财政部令第 13 号）进行了修订，修订后的《国家蓄滞洪区运用财政补偿资金管理规定》已经部务会议讨论通过，现予公布，自 2006 年 7 月 1 日起施行。

　　　　　　　　　　　　　　　　　　财政部部长

　　　　　　　　　　　　　　　　　　2006 年 5 月 30 日

第一章　总　则

　　第一条　为了规范和加强国家蓄滞洪区运用财政补偿资金的管理，确保资金合理有效使用，根据国务院《蓄滞洪区运用补偿暂行办法》（以下简称《暂行办法》）制定本规定。

　　第二条　国家蓄滞洪区是指《暂行办法》附录中所列的蓄滞洪区。国家蓄滞洪区运用是指防汛指挥机构根据批准的洪水调度运用方案，按照调度权限发布分洪命令后所实施的蓄滞洪水行为。

第三条　本规定适用于国家蓄滞洪区运用财政补偿资金的使用和管理。

第四条　国家蓄滞洪区运用财政补偿资金（以下简称补偿资金）是政府为了保障蓄滞洪区居民的基本生活、尽快恢复农业生产所设立的专项资金。国家蓄滞洪区运用后造成的损失由中央财政和省级财政共同给予补偿。

第五条　补偿资金的管理应当遵循公开、公正、及时、便民的原则。

第二章　补偿资金使用对象、范围及标准

第六条　国家蓄滞洪区内具有常住户口的居民（以下简称区内居民），在蓄滞洪区运用后依照《暂行办法》和本规定获得补偿。

国家蓄滞洪区所在地县级以上人民政府应当及时组织有关部门对国家蓄滞洪区运用的淹没范围予以界定。

第七条　国家蓄滞洪区运用后区内居民遭受的下列损失，在淹没范围内的给予补偿：

（一）承包土地上的农作物、专业养殖和经济林水毁损失；

（二）住房水毁损失；

（三）无法转移的家庭农业生产机械、役畜和家庭主要耐用消费品水毁损失。

第八条　农作物、专业养殖、经济林具体补偿标准如下：

（一）农作物实行亩均定值补偿。补偿标准由所在地省级人民政府按当地统计部门统计上报的蓄滞洪前三年（不含分洪年份，下同）同季主要农作物平均产值的50%—70%确定。

（二）专业养殖实行分类定值补偿。专业养殖的种类和规模，由省级行业主管部门依据相关规定予以认定。补偿标准由省级人民政府按蓄滞洪前三年相同生长期平均产值的40%—50%确定。

（三）经济林实行亩均定值补偿。经济林的种类和规模，由省级行业主管部门依据相关规定予以认定。补偿标准由省级人民政府按蓄滞洪前三年相同生长期平均产值的 40%—50% 确定。

第九条 居民住房只补偿主体部分的水毁损失，其他搭建的附属建筑物不属于补偿范围。居民住房按损失价值的 70% 予以补偿，损失价值由国家蓄滞洪区所在地县级以上人民政府或其授权的部门确定。

灾后享受国家统一建房补助政策的区内居民，其房屋损失不予重复补偿。

第十条 无法转移的家庭农业生产机械、役畜和家庭主要耐用消费品主要补偿因受转移时间等限制没有转移到安全区域而造成的水毁损失。

（一）家庭农业生产机械。主要包括：电（动）机、柴油机等农用生产机械。

（二）役畜。主要包括：牛、马、骡、驴等从事农役的牲畜（不含幼畜）。

（三）家庭主要耐用消费品。主要包括：空调、电视机、电冰箱、洗衣机等主要家用电器。

以上三项按水毁损失的 50% 补偿。但登记总价值在 2000 元以下的，按照水毁损失的 100% 补偿；水毁损失超过 2000 元不足 4000元的，按照 2000 元补偿。

第十一条 已下达蓄滞洪转移命令，因情况变化未实施蓄滞洪造成的损失，给予适当补偿。省级人民政府依据损失的具体情况，拟定人均补偿标准，报财政部、水利部审定。

第十二条 国家蓄滞洪区运用后，区内行政事业、公益事业单位的公共财产和设备的水毁损失，以及区内各类企业和公共设施的水毁损失不属于本规定的补偿范围。

第三章　补偿资金的申报与审批

第十三条　国家蓄滞洪区所在地的县级人民政府应按照《暂行办法》的规定，组织有关部门和乡（镇）人民政府（含街道办事处，下同）对区内居民的承包土地、住房、家庭农业生产机械和役畜以及家庭主要耐用消费品（以下简称居民财产）逐户进行登记，并填写水利部制定的《蓄滞洪区居民财产登记及变更登记（汇总）表》，由村（居）民委员会张榜公布；在规定时间内村（居）民无异议的，由县、乡（镇）、村分级建档立卡。

以村或者居民委员会为单位进行财产登记时，应有村（居）民委员会干部、村（居）民代表参加。

第十四条　已登记公布的区内居民财产发生变更时，村（居）民委员会应当于每年汛前汇总，并向乡（镇）人民政府提出财产变更登记申请，由乡（镇）人民政府核实登记后，报蓄滞洪区所在地的县级人民政府指定的部门备案。

第十五条　国家蓄滞洪区所在地的县级人民政府应当及时将区内居民财产登记情况及变更情况汇总后逐级上报省级水行政主管部门。由省级水行政主管部门核查汇总后，上报水利部，同时抄送省级财政部门和所在江河的流域管理机构备案。

第十六条　国家蓄滞洪区运用后，所在地的县级人民政府应及时组织有关部门和乡（镇）人民政府核查区内居民的水毁损失情况，填写水利部制定的《蓄滞洪区居民财产损失核查（汇总）表》、《蓄滞洪区居民财产损失补偿（汇总申报）表》，逐级上报省级人民政府或其授权的部门。

以村（居）民委员会为单位核查损失时，应当有乡（镇）、村（居）民委员会干部和村（居）民代表参加，并对损失情况张榜公布。

第十七条　省级人民政府或其授权的部门应及时核实蓄滞洪区内居民水毁损失情况，提出补偿方案，并报流域管理机构核查。

第十八条　流域管理机构应及时对省级人民政府或其授权的部门提出的蓄滞洪区运用补偿方案进行核查，并提出核查意见。

第十九条　省级人民政府应及时将蓄滞洪区运用补偿方案，连同流域管理机构出具的核查意见上报国务院，并抄送财政部和水利部。

财政部和水利部对补偿方案及核查意见进行审查和核定后，提出补偿意见，财政部拟定补偿资金总额，上报国务院批准后实施。

第二十条　财政部根据蓄滞洪区在流域防洪调度中所承担的防洪任务的重要程度、所在省（自治区、直辖市）的财政状况以及区内居民恢复生产的难易程度等因素，拟定中央财政与省级财政补偿资金的分摊比例。中央财政一般分担国家蓄滞洪区运用后应补偿资金总额的40%—70%。

第四章　补偿资金拨付与发放

第二十一条　国务院批准蓄滞洪区运用补偿方案后，财政部应将分担的补偿资金下拨给蓄滞洪区所在地省级财政部门。省级财政部门将其本级财政分担的补偿资金和中央补偿资金一并及时、足额下拨给蓄滞洪区所在地市级或者县级财政部门，并将资金下拨情况抄送财政部、水利部和有关流域管理机构。

第二十二条　补偿资金由财政部门统一管理，实行专账核算，任何单位或个人不得改变资金用途。

第二十三条　居民财产登记与变更、损失核查以及补偿资金发放等工作经费不列入补偿资金使用范围，所需经费由地方财政负担。

第二十四条　补偿资金的发放工作由国家蓄滞洪区所在地县级

人民政府或其授权的部门负责。

国家蓄滞洪区所在地县级人民政府应当根据国务院批准的补偿方案，组织财政、水利等部门制定补偿资金具体发放方案，乡（镇）人民政府据此逐户确定具体补偿金额，并由村（居）民委员会张榜公布。

具体补偿金额张榜公布 5 日后无异议的，由乡（镇）人民政府组织发放补偿凭证，区内居民持补偿凭证、村（居）民委员会出具的证明和身份证明到县级财政部门指定的机构领取补偿金。

张榜公布后有异议的，村（居）民委员会应及时核实。经县级以上人民政府或其授权的部门核查认定，不应发放的补偿资金应全部返还财政部门。

第二十五条　地方各级财政部门应加强对补偿资金的管理，严格资金的发放手续，定期向上级财政部门报告资金使用情况，并认真做好补偿资金的财务决算工作。

国家蓄滞洪区所在地县级人民政府或其授权的部门在补偿资金发放完毕后，应及时对补偿资金的发放情况进行总结，并逐级上报财政部、水利部。

第二十六条　国家蓄滞洪区所在地县级人民政府或其授权的部门不得滞留、挪用、抵扣补偿资金，不得把补偿资金划拨到乡（镇）、村。

第五章　补偿资金的监督

第二十七条　国家蓄滞洪区所在地各级人民政府应组织有关部门加强对补偿资金的监督、检查。

第二十八条　流域管理机构应当加强对所辖区内蓄滞洪区运用补偿资金发放情况的监督，必要时应会同省级人民政府或其授权的部门进行调查，并将调查的情况上报财政部和水利部，同时抄送省级人民政府或其授权的部门。

第二十九条　在补偿资金管理过程中，对违反《暂行办法》和本规定的行为，依照《财政违法行为处罚处分条例》给予处罚、处理、处分。

第六章　附　则

第三十条　其他蓄滞洪区运用后造成的损失，其财政补偿资金的管理参照本规定执行。

第三十一条　省级财政部门可根据本规定会同本级水行政主管部门制定具体实施细则，并上报财政部、水利部备案。

第三十二条　本规定由财政部负责解释。

第三十三条　本规定自 2006 年 7 月 1 日起施行。2001 年 12 月 31 日发布的《国家蓄滞洪区运用财政补偿资金管理规定》（财政部令第 13 号）同时废止。

蓄滞洪区运用补偿核查办法

水利部关于印发《蓄滞洪区运用补偿核查办法》的通知

水汛〔2007〕72 号

有关流域机构，有关省（直辖市）水利（水务）厅（局）：

为规范流域管理机构开展蓄滞洪区运用补偿核查工作，加强对蓄滞洪区运用补偿工作的监督和指导，根据《蓄滞洪区运用补偿暂行办法》（国务院令第 286 号），并与《国家蓄滞洪区运用财政补偿资金管理规定》（财政部令第 37 号）相衔接，我部制定了《蓄滞洪区运用补偿核查办法》，现印发你们，请遵照执行。

蓄滞洪区是防洪体系不可缺少的重要组成部分，对保证流域全局防洪安全发挥着重要作用。蓄滞洪区运用后，所在地的地方人民政府及其有关部门要及时组织开展区内居民水毁损失的登记、核实，密切配合流域管理机构做好核查工作；有关流域管理机构要依照本办法的规定及时对居民水毁损失情况进行核查，提出核查意见，为国家进行蓄滞洪区运用补偿提供依据。

对于执行中发现的问题，请及时向我部反映。

水利部

2007 年 3 月 6 日

第一章　总　则

第一条　为规范流域管理机构开展流域内国家蓄滞洪区运用补

偿核查工作，根据《蓄滞洪区运用补偿暂行办法》（国务院令第286号），并与《国家蓄滞洪区运用财政补偿资金管理规定》（财政部令第37号）相衔接，制定本办法。

第二条 本办法适用于《蓄滞洪区运用补偿暂行办法》附录所列的国家蓄滞洪区。

第三条 流域管理机构应对所辖区域内国家蓄滞洪区运用补偿工作实施监督、指导。

第四条 蓄滞洪区所在地的县级人民政府每年汛前应当及时将区内财产登记情况及变更登记情况汇总后抄报所在流域管理机构备案。流域管理机构应当根据每年汛期预报，对所辖区域内蓄滞洪区的财产登记及变更登记情况进行必要的抽查。

第五条 蓄滞洪区运用后，蓄滞洪区所在地的县级人民政府应当及时组织有关部门和乡（镇）人民政府核查区内居民损失情况，按照规定的补偿标准，提出补偿方案。省级人民政府或者其授权的主管部门核实后报流域管理机构核查。

第六条 已下达蓄滞洪转移命令，因情况变化未实施蓄滞洪但造成损失，按规定给予补偿的，参照第五条的规定进行核查。

第七条 流域管理机构收到核查报告和补偿方案后，应及时组织对蓄滞洪区内居民损失进行核查，并向省级人民政府或者其授权的主管部门提出核查意见。

第二章 组织与内容

第八条 流域管理机构应成立专门的核查组，必要时会同有关单位组成联合核查组。核查组可以聘请有损失评估资质的人员或机构参与。

第九条 流域管理机构的核查以蓄滞洪区所涉及县（区）为单位，采取资料审查和现场入户抽查的方式进行。

第十条 流域管理机构的核查内容主要包括以下几个方面：

（一）蓄滞洪区的调度运用情况；

（二）地方政府补偿工作程序；

（三）补偿对象、范围的准确性；

（四）损失登记数据的真实性；

（五）损失计价指标的合理性；

（六）损失补偿标准的合理性。

第三章 方法与程序

第十一条 流域管理机构的核查工作可按前期准备、资料审查、选取核查对象、人村入户核查、成果分析、提出核查意见等步骤进行。

第十二条 在赴现场进行核查前，核查组应全面了解蓄滞洪区的调度运用、洪水淹没、汛前财产登记及变更、当地经济物价水平等情况。

第十三条 核查组应听取有关地方人民政府或者其授权的的主管部门关于补偿登记工作的情况介绍，查看损失登记过程有关资料，审查县级人民政府或者其授权部门提供的各级损失登记表原件。

第十四条 按照乡镇（含街道办事处，下同）、村（居）民委员会、村（居）民组进行三级现场核查。

在乡镇、村（居）民委员会两级，重点核查其组织体系和工作情况，调取存档的原始登记资料，与县级政府存档资料比较，核实其一致性。

在村（居）民组，核查组应入户核实各类损失。

第十五条 根据实际情况，一般在蓄滞洪区内选取 20% 左右的乡镇，每个乡镇选取 15% 左右的村（居）民组，每个村（居）民组选取 10% 左右的住户进行核查。

选取核查对象时要考虑多种因素，注意涵盖各种损失类型，不得在入户核查前将选取的核查住户名单对外泄漏。

第十六条 在现场核查时应注意向居民了解补偿登记工作过程、张榜公布情况以及居民对各级政府补偿工作评价。

第十七条 完成入户调查后，核查组应进行各组数据比较，判断各级上报数据的真实性。如有误差，应分析、判断产生误差的原因。

第十八条 流域管理机构一般应在收到省级人民政府或者其授权的主管部门核查报告后 15 个工作日内完成核查工作，并及时与省级人民政府或者其授权的主管部门交换初步核查意见。初步核查意见应包括对运用补偿方案的评价、存在问题及处理建议等主要内容。

第十九条 省级人民政府或者其授权的主管部门应根据核查组的初步核查意见，修改和完善补偿方案。流域管理机构在收到补偿方案后一般应在 5 个工作日内向省级人民政府或者其授权的主管部门提出核查意见，同时抄送水利部。

核查意见应包括流域管理机构的核查过程、对运用补偿方案的评价、结论及建议等内容。

第四章 保障措施

第二十条 蓄滞洪区所在地各级人民政府应积极配合流域管理机构的核查工作，及时提供蓄滞洪区行政区划图、经省级防汛抗旱指挥部认可的蓄滞洪区淹没图、各类损失计价指标以及各县（区）前三年统计年鉴等核查所需资料，并保证其所提供资料的真实、准确。

第二十一条 流域管理机构应当加强对所辖区域内补偿资金发

放情况的监督，必要时应当会同省级人民政府或者其授权的主管部门进行调查，并及时将补偿资金总的发放情况上报国务院财政主管部门和国务院水行政主管部门，同时抄送省级人民政府。

第二十二条 流域管理机构的核查工作经费按有关规定列支。

第二十三条 流域管理机构要建立蓄滞洪区核查工作制度，明确核查工作人员职责，针对蓄滞洪区运用和当地社会经济状况，编制并细化核查方案，保证核查工作公正、公平、有效进行。

第五章 附 则

第二十四条 地方人民政府或其授权的主管部门参照本办法对蓄滞洪区运用补偿工作进行衔接。

第二十五条 本办法由水利部负责解释。

第二十六条 本办法自发布之日起执行。

黄河下游滩区运用财政补偿资金管理办法

财政部　国家发展和改革委员会　水利部关于印发
《黄河下游滩区运用财政补偿资金管理办法》的通知
财农〔2012〕440号

山东省、河南省财政厅、发展和改革委员会、水利厅：

根据国务院批准的《关于黄河下游滩区运用补偿政策意见的请示》（财农〔2011〕95号），为规范和加强黄河下游滩区运用财政补偿资金的管理，确保资金合理有效使用，财政部会同国家发展和改革委员会、水利部制定了《黄河下游滩区运用财政补偿资金管理办法》，现印发你们，请遵照执行。

黄河下游滩区是指自河南省西霞院水库坝下至山东省垦利县入海口的黄河下游滩区。涉及河南省、山东省15个市43个县（区）1928个村庄（其中：河南省1146个，山东省782个）。村庄具体名单及滩区运用补偿范围界线，由黄河水利委员会分别商山东省、河南省省级财政、水利部门核定，并报财政部、水利部备案。

财政部　国家发展和改革委员会　水利部

2012年12月18日

第一条　为规范和加强黄河下游滩区运用财政补偿资金（以下简称补偿资金）的管理，确保资金合理有效使用，根据国家有关规定制定本办法。

第二条 黄河下游滩区（以下简称滩区）是指自河南省西霞院水库坝下至山东省垦利县入海口的黄河下游滩区，涉及河南省、山东省15个市43个县（区）。滩区运用是指洪水经水利工程调控后仍超出下游河道主槽排洪能力，滩区自然行洪和滞蓄洪水导致滩区受淹的情况。

滩区运用补偿范围界线，由黄河水利委员会分别商两省省级财政、水利部门界定，并报财政部、水利部备案。

第三条 滩区内具有常住户口的居民（以下简称区内居民），因滩区运用造成的一定损失，由中央财政和省级财政共同给予补偿。

第四条 补偿资金的使用管理应当遵循公开、公正、及时、便民的原则。

第五条 滩区运用后区内居民遭受洪水淹没所造成的农作物（不含影响防洪的水果林及其他林木）和房屋（不含搭建的附属建筑物）损失，在淹没范围内的给予一定补偿。

以下情况不补偿：一是非运用导致的损失；二是因河势发生游荡摆动造成滩地塌陷的损失；三是控导工程以内受淹的损失；四是区内各类行政事业单位、各类企业和公共设施的损失；五是其他不应补偿的损失。

第六条 农作物损失补偿标准，按滩区所在地县级统计部门上报的前三年（不含运用年份）同季主要农作物年均亩产值的60—80%核定。居民住房损失补偿标准，按主体部分损失价值的70%核定。居民住房主体部分损失价值，由滩区所在地的县级财政部门、水利部门会同有关部门确定。

滩区运用后享受国家统一建房补助政策的区内居民，其住房损失不予重复补偿。

第七条 中央财政承担补偿资金的80%，省级财政承担20%。

第八条　滩区所在地的县级财政部门会同水利部门，负责组织乡（镇）有关部门对区内居民的承包土地、住房逐户进行登记，并由村（居）民委员会张榜公布。公布后 10 个工作日内居民无异议的，由县、乡（镇）、村分级建档立卡。

第九条　已登记公布的区内居民承包土地、住房发生变更时，村（居）民委员会应当于每年汛前汇总，并向乡（镇）有关部门提出变更登记申请，由乡（镇）有关部门核实登记后，报滩区所在地的县级财政部门和水利部门备案。

第十条　滩区所在地的县级财政部门会同水利部门，及时将区内居民承包土地、住房登记及变更情况汇总后上报省级财政部门和水利部门。省级财政部门会同水利部门核查汇总后，报黄河水利委员会备案。

第十一条　滩区运用后，所在地的县级财政部门会同水利部门及时核查区内居民的损失情况，上报省级财政部门和水利部门。

第十二条　省级财政部门会同水利部门，及时核实区内居民损失情况，联合向财政部和水利部上报中央补偿资金申请报告，同时抄送黄河水利委员会核查。

第十三条　黄河水利委员会负责对补偿资金申请报告进行核查，并及时提出核查意见报财政部和水利部。

第十四条　财政部会同水利部对补偿资金申请报告及核查意见进行审查后，核定中央补偿资金。中央补偿资金由财政部拨付省级财政部门，资金拨付文件同时抄送有关部门。省级财政部门将本级承担的补偿资金和中央补偿资金一并及时、足额拨付给滩区县级财政部门，并将资金拨付情况报财政部和水利部，并同时抄送黄河水利委员会备案。

第十五条　补偿资金由财政部门统一管理，专款专用，任何单位或个人不得改变资金用途。

第十六条　区内居民承包土地、住房登记与变更、损失核查以及补偿资金发放等工作经费由地方财政负担。黄河水利委员会的核查工作经费，由财政部根据核查任务审核后安排。

第十七条　补偿资金的发放工作由滩区所在地的县级财政部门会同水利部门负责。

滩区所在地的县级财政部门会同水利部门制定补偿资金具体发放方案，并由村（居）民委员会张榜公布。公布 10 个工作日后无异议的，由县级财政部门按财政国库管理制度有关规定将补偿资金支付到区内居民"一卡通"等账户。

张榜公布后有异议的，村（居）民委员会应及时核实。经县级财政部门会同水利部门核查认定，不应发放的补偿资金全部返还省级财政部门，统筹用于支持滩区农田水利建设。

第十八条　滩区所在地的县级财政部门会同水利部门，要及时对补偿资金的发放情况进行总结，并报省级财政部门和水利部门。省级财政部门会同水利部门对全省情况汇总后报财政部和水利部。

第十九条　各级财政部门和水利部门应加强对补偿资金使用管理的监督检查，发现问题及时采取措施纠正。对虚报、冒领、截留、挪用、滞留补偿资金的单位和个人，按照《财政违法行为处罚处分条例》（国务院令第 427 号）有关规定处理、处罚和处分。

第二十条　省级财政部门会同水利部门，根据本办法制定实施细则，并报财政部和水利部备案。

第二十一条　本办法由财政部会同水利部负责解释。

第二十二条　本办法自 2013 年 1 月 1 日起施行。

国有土地上房屋征收与补偿条例

中华人民共和国国务院令

第 590 号

《国有土地上房屋征收与补偿条例》已经 2011 年 1 月 19 日国务院第 141 次常务会议通过，现予公布，自公布之日起施行。

总理　温家宝

二〇一一年一月二十一日

第一章　总　则

第一条　为了规范国有土地上房屋征收与补偿活动，维护公共利益，保障被征收房屋所有权人的合法权益，制定本条例。

第二条　为了公共利益的需要，征收国有土地上单位、个人的房屋，应当对被征收房屋所有权人（以下称被征收人）给予公平补偿。

第三条　房屋征收与补偿应当遵循决策民主、程序正当、结果公开的原则。

第四条 市、县级人民政府负责本行政区域的房屋征收与补偿工作。

市、县级人民政府确定的房屋征收部门（以下称房屋征收部门）组织实施本行政区域的房屋征收与补偿工作。

市、县级人民政府有关部门应当依照本条例的规定和本级人民政府规定的职责分工，互相配合，保障房屋征收与补偿工作的顺利进行。

第五条 房屋征收部门可以委托房屋征收实施单位，承担房屋征收与补偿的具体工作。房屋征收实施单位不得以营利为目的。

房屋征收部门对房屋征收实施单位在委托范围内实施的房屋征收与补偿行为负责监督，并对其行为后果承担法律责任。

第六条 上级人民政府应当加强对下级人民政府房屋征收与补偿工作的监督。

国务院住房城乡建设主管部门和省、自治区、直辖市人民政府住房城乡建设主管部门应当会同同级财政、国土资源、发展改革等有关部门，加强对房屋征收与补偿实施工作的指导。

第七条 任何组织和个人对违反本条例规定的行为，都有权向有关人民政府、房屋征收部门和其他有关部门举报。接到举报的有关人民政府、房屋征收部门和其他有关部门对举报应当及时核实、处理。

监察机关应当加强对参与房屋征收与补偿工作的政府和有关部门或者单位及其工作人员的监察。

第二章 征收决定

第八条 为了保障国家安全、促进国民经济和社会发展等公共利益的需要，有下列情形之一，确需征收房屋的，由市、县级人民政府作出房屋征收决定：

（一）国防和外交的需要；

（二）由政府组织实施的能源、交通、水利等基础设施建设的需要；

（三）由政府组织实施的科技、教育、文化、卫生、体育、环境和资源保护、防灾减灾、文物保护、社会福利、市政公用等公共事业的需要；

（四）由政府组织实施的保障性安居工程建设的需要；

（五）由政府依照城乡规划法有关规定组织实施的对危房集中、基础设施落后等地段进行旧城区改建的需要；

（六）法律、行政法规规定的其他公共利益的需要。

第九条 依照本条例第八条规定，确需征收房屋的各项建设活动，应当符合国民经济和社会发展规划、土地利用总体规划、城乡规划和专项规划。保障性安居工程建设、旧城区改建，应当纳入市、县级国民经济和社会发展年度计划。

制定国民经济和社会发展规划、土地利用总体规划、城乡规划和专项规划，应当广泛征求社会公众意见，经过科学论证。

第十条 房屋征收部门拟定征收补偿方案，报市、县级人民政府。

市、县级人民政府应当组织有关部门对征收补偿方案进行论证并予以公布，征求公众意见。征求意见期限不得少于30日。

第十一条 市、县级人民政府应当将征求意见情况和根据公众意见修改的情况及时公布。

因旧城区改建需要征收房屋，多数被征收人认为征收补偿方案不符合本条例规定的，市、县级人民政府应当组织由被征收人和公众代表参加的听证会，并根据听证会情况修改方案。

第十二条 市、县级人民政府作出房屋征收决定前，应当按照有关规定进行社会稳定风险评估；房屋征收决定涉及被征收人数量较多的，应当经政府常务会议讨论决定。

作出房屋征收决定前，征收补偿费用应当足额到位、专户存储、专款专用。

第十三条 市、县级人民政府作出房屋征收决定后应当及时公告。公告应当载明征收补偿方案和行政复议、行政诉讼权利等事项。

市、县级人民政府及房屋征收部门应当做好房屋征收与补偿的宣传、解释工作。

房屋被依法征收的，国有土地使用权同时收回。

第十四条 被征收人对市、县级人民政府作出的房屋征收决定不服的，可以依法申请行政复议，也可以依法提起行政诉讼。

第十五条 房屋征收部门应当对房屋征收范围内房屋的权属、区位、用途、建筑面积等情况组织调查登记，被征收人应当予以配合。调查结果应当在房屋征收范围内向被征收人公布。

第十六条 房屋征收范围确定后，不得在房屋征收范围内实施新建、扩建、改建房屋和改变房屋用途等不当增加补偿费用的行为；违反规定实施的，不予补偿。

房屋征收部门应当将前款所列事项书面通知有关部门暂停办理相关手续。暂停办理相关手续的书面通知应当载明暂停期限。暂停期限最长不得超过1年。

第三章 补 偿

第十七条 作出房屋征收决定的市、县级人民政府对被征收人给予的补偿包括：

（一）被征收房屋价值的补偿；

（二）因征收房屋造成的搬迁、临时安置的补偿；

（三）因征收房屋造成的停产停业损失的补偿。

市、县级人民政府应当制定补助和奖励办法，对被征收人给予补助和奖励。

第十八条 征收个人住宅，被征收人符合住房保障条件的，作出房屋征收决定的市、县级人民政府应当优先给予住房保障。具体办法由省、自治区、直辖市制定。

第十九条 对被征收房屋价值的补偿，不得低于房屋征收决定公告之日被征收房屋类似房地产的市场价格。被征收房屋的价值，由具有相应资质的房地产价格评估机构按照房屋征收评估办法评估确定。

对评估确定的被征收房屋价值有异议的，可以向房地产价格评估机构申请复核评估。对复核结果有异议的，可以向房地产价格评估专家委员会申请鉴定。

房屋征收评估办法由国务院住房城乡建设主管部门制定，制定过程中，应当向社会公开征求意见。

第二十条 房地产价格评估机构由被征收人协商选定；协商不成的，通过多数决定、随机选定等方式确定，具体办法由省、自治区、直辖市制定。

房地产价格评估机构应当独立、客观、公正地开展房屋征收评估工作，任何单位和个人不得干预。

第二十一条 被征收人可以选择货币补偿，也可以选择房屋产权调换。

被征收人选择房屋产权调换的，市、县级人民政府应当提供用于产权调换的房屋，并与被征收人计算、结清被征收房屋价值与用于产权调换房屋价值的差价。

因旧城区改建征收个人住宅，被征收人选择在改建地段进行房屋产权调换的，作出房屋征收决定的市、县级人民政府应当提供改建地段或者就近地段的房屋。

第二十二条 因征收房屋造成搬迁的，房屋征收部门应当向被征收人支付搬迁费；选择房屋产权调换的，产权调换房屋交付前，房屋征收部门应当向被征收人支付临时安置费或者提供周转用房。

第二十三条 对因征收房屋造成停产停业损失的补偿，根据房屋被征收前的效益、停产停业期限等因素确定。具体办法由省、自治区、直辖市制定。

第二十四条 市、县级人民政府及其有关部门应当依法加强对建设活动的监督管理，对违反城乡规划进行建设的，依法予以处理。

市、县级人民政府作出房屋征收决定前，应当组织有关部门依法对征收范围内未经登记的建筑进行调查、认定和处理。对认定为合法建筑和未超过批准期限的临时建筑的，应当给予补偿；对认定为违法建筑和超过批准期限的临时建筑的，不予补偿。

第二十五条 房屋征收部门与被征收人依照本条例的规定，就补偿方式、补偿金额和支付期限、用于产权调换房屋的地点和面积、搬迁费、临时安置费或者周转用房、停产停业损失、搬迁期限、过渡方式和过渡期限等事项，订立补偿协议。

补偿协议订立后，一方当事人不履行补偿协议约定的义务的，另一方当事人可以依法提起诉讼。

第二十六条 房屋征收部门与被征收人在征收补偿方案确定的签约期限内达不成补偿协议，或者被征收房屋所有权人不明确的，由房屋征收部门报请作出房屋征收决定的市、县级人民政府依照本条例的规定，按照征收补偿方案作出补偿决定，并在房屋征收范围内予以公告。

补偿决定应当公平，包括本条例第二十五条第一款规定的有关补偿协议的事项。

被征收人对补偿决定不服的，可以依法申请行政复议，也可以依法提起行政诉讼。

第二十七条 实施房屋征收应当先补偿、后搬迁。

作出房屋征收决定的市、县级人民政府对被征收人给予补偿后，被征收人应当在补偿协议约定或者补偿决定确定的搬迁期限内完成搬迁。

任何单位和个人不得采取暴力、威胁或者违反规定中断供水、供热、供气、供电和道路通行等非法方式迫使被征收人搬迁。禁止建设单位参与搬迁活动。

第二十八条 被征收人在法定期限内不申请行政复议或者不提起行政诉讼，在补偿决定规定的期限内又不搬迁的，由作出房屋征收决定的市、县级人民政府依法申请人民法院强制执行。

强制执行申请书应当附具补偿金额和专户存储账号、产权调换房屋和周转用房的地点和面积等材料。

第二十九条 房屋征收部门应当依法建立房屋征收补偿档案，并将分户补偿情况在房屋征收范围内向被征收人公布。

审计机关应当加强对征收补偿费用管理和使用情况的监督，并公布审计结果。

第四章 法律责任

第三十条 市、县级人民政府及房屋征收部门的工作人员在房屋征收与补偿工作中不履行本条例规定的职责，或者滥用职权、玩忽职守、徇私舞弊的，由上级人民政府或者本级人民政府责令改正，通报批评；造成损失的，依法承担赔偿责任；对直接负责的主管人员和其他直接责任人员，依法给予处分；构成犯罪的，依法追究刑事责任。

第三十一条 采取暴力、威胁或者违反规定中断供水、供热、供气、供电和道路通行等非法方式迫使被征收人搬迁，造成损失的，依法承担赔偿责任；对直接负责的主管人员和其他直接责任人员，构成犯罪的，依法追究刑事责任；尚不构成犯罪的，依法给予处分；构成违反治安管理行为的，依法给予治安管理处罚。

第三十二条 采取暴力、威胁等方法阻碍依法进行的房屋征收与补偿工作，构成犯罪的，依法追究刑事责任；构成违反治安管理行为的，依法给予治安管理处罚。

第三十三条 贪污、挪用、私分、截留、拖欠征收补偿费用的，责令改正，追回有关款项，限期退还违法所得，对有关责任单位通报批评、给予警告；造成损失的，依法承担赔偿责任；对直接负责的主管人员和其他直接责任人员，构成犯罪的，依法追究刑事责任；尚不构成犯罪的，依法给予处分。

第三十四条 房地产价格评估机构或者房地产估价师出具虚假或者有重大差错的评估报告的，由发证机关责令限期改正，给予警告，对房地产价格评估机构并处 5 万元以上 20 万元以下罚款，对房地产估价师并处 1 万元以上 3 万元以下罚款，并记入信用档案；情节严重的，吊销资质证书、注册证书；造成损失的，依法承担赔偿责任；构成犯罪的，依法追究刑事责任。

第五章 附 则

第三十五条 本条例自公布之日起施行。2001 年 6 月 13 日国务院公布的《城市房屋拆迁管理条例》同时废止。本条例施行前已依法取得房屋拆迁许可证的项目，继续沿用原有的规定办理，但政府不得责成有关部门强制拆迁。

附 录

城市房屋拆迁工作规程

关于印发《城市房屋拆迁工作规程》的通知

建住房〔2005〕200 号

各省、自治区建设厅，直辖市建委（房地局），新疆生产
建设兵团建设局：

为进一步规范城市房屋拆迁工作程序，加强房屋拆迁
管理，维护拆迁当事人的合法权益，根据《城市规划法》、
《城市房屋拆迁管理条例》，我部制定了《城市房屋拆迁
工作规程》。现印发你们，请遵照执行。

中华人民共和国建设部

二〇〇五年十月三十一日

第一条 为进一步规范城市房屋拆迁工作程序，加强拆迁管
理，维护拆迁当事人合法权益，保障建设项目顺利实施，根据《城
市规划法》、《城市房屋拆迁管理条例》及有关规定，制定本规程。

第二条 在城市规划区内国有土地上实施房屋拆迁，并需要对
被拆迁人补偿安置的，适用本规程。

第三条 城市房屋拆迁管理工作程序是：拆迁计划管理、拆迁

许可审批、拆迁补偿安置；必要时还应当依法进行行政裁决或者强制拆迁。城市房屋拆迁管理应当严格按照上述程序进行，前一程序未进行或者未达到规定要求的，不得进入后一程序。

第四条 城市房屋拆迁实行年度计划审批备案制度。市、县人民政府应当根据本地区经济社会发展的实际情况，依据城市总体规划、近期建设规划和控制性详细规划，编制房屋拆迁中长期规划和年度计划，由省、自治区、直辖市人民政府建设（房地产）行政主管部门会同发展改革（计划）部门审批下达。

第五条 需要拆迁的项目，应当按照《城市房屋拆迁管理条例》第七条的规定取得房屋拆迁许可证。

对于面积较大或者户数较多的拆迁项目，房屋拆迁管理部门应当在核发拆迁许可证前，就拆迁许可有关事项召开听证会，听取拆迁当事人意见。需听证项目的面积或者户数的具体标准，由省、自治区和直辖市人民政府建设（房地产）行政主管部门制定。

第六条 拆迁许可听证应当对拆迁许可条件，特别是拆迁计划、拆迁方案和拆迁补偿安置资金落实情况进行听证。听证意见作为房屋拆迁管理部门核发拆迁许可证的重要参考依据。

第七条 对于符合拆迁许可证核发条件的，房屋拆迁管理部门应当依法核发拆迁许可证，同时将房屋拆迁许可证中载明的拆迁人、拆迁范围、拆迁期限等事项，以房屋拆迁公告的形式予以公布。对于补偿安置方案、补偿安置资金不落实的项目，房屋拆迁管理部门不得核发拆迁许可证。

第八条 在取得拆迁许可前，拆迁人应当对拆迁范围内房屋情况进行摸底，区分有产权证与无产权证房屋。

对于未取得房产证但能够证明该房屋是合法拥有的，由所在地房地产管理部门确认后，依法补偿；对于手续不全或者无产权产籍的房屋，应当经有关部门进行合法性认定后，依据相关法律法规处理；对于存在产权或者使用权（承租权）争议的，应当通过民事诉讼后，按照诉讼结果依法补偿。

第九条 对于拆迁中的住房困难和低收入家庭，地方政府要通过健全和完善住房保障制度等办法，切实采取有效措施，确保其得到妥善安置。对于符合廉租住房条件的，要及时纳入廉租房保障范围。

第十条 拆迁人应当在房屋拆迁许可证确定的拆迁范围和拆迁期限内，实施房屋拆迁。需要延长拆迁期限的，拆迁人应当依法办理相关手续。

第十一条 《城市规划法》实施后，未取得规划许可证或违反规划许可证规定进行建设的，以及临时建筑使用期限届满未拆除的为违法建筑。对违法建筑依据《城市规划法》及地方城市规划实施条例规定处理。

《城市规划法》实施前违法建筑的认定，由县级以上地方人民政府城市规划行政主管部门充分考虑历史情况，依据所在省、自治区、直辖市人民政府规定处理。

第十二条 拆迁当事人应当按照《城市房屋拆迁管理条例》等有关法律法规规定，就补偿方式和补偿金额、安置用房面积和安置地点、搬迁期限、搬迁过渡方式和过渡期限等事项进行协商，订立拆迁补偿安置协议。

第十三条 对于达不成补偿安置协议的，应当按照《城市房屋拆迁管理条例》、《城市房屋拆迁行政裁决工作规程》的规定进行裁决。

第十四条 当事人对裁决不服的，可以依法申请行政复议或者向人民法院起诉。但拆迁人已按规定对被拆迁人给予货币补偿或者提供安置用房、周转用房的，诉讼期间不停止拆迁的执行。

第十五条 被拆迁人或者房屋承租人在裁决规定的搬迁期限内

未搬迁的，由市、县人民政府责成有关部门强制拆迁，或者由房屋拆迁管理部门依法申请人民法院强制拆迁。

第十六条 房屋拆迁管理部门申请行政强制拆迁前，应当邀请有关管理部门、拆迁当事人代表以及具有社会公信力的代表等，对行政强制拆迁的依据、程序、补偿安置标准的测算依据等内容进行听证。

房屋拆迁管理部门申请行政强制拆迁，必须经领导班子集体讨论决定后，方可向政府提出强制拆迁申请。

第十七条 实施行政强制拆迁时，应当组织街道办事处（居委会）、被拆迁人单位代表到现场作为强制拆迁证明人，并由公证部门对被拆迁房屋及其房屋内物品进行证据保全。

第十八条 各级房屋拆迁管理部门，要加强对拆迁程序执行情况的监督检查。对不依法行政、滥用职权、侵害拆迁当事人合-法权益并造成严重后果的工作人员，要依法追究责任。

第十九条 在城市规划区外国有土地上实施房屋拆迁，并需要对被拆迁人补偿安置的，参照本规程执行。

第二十条 本规程自 2005 年 12 月 1 日起施行。

关于完善征地补偿安置制度的指导意见

关于印发《关于完善征地补偿安置制度的指导意见》的通知
国土资发〔2004〕238号

各省、自治区、直辖市国土资源厅（国土环境资源厅、国土资源局、国土资源和房屋管理局、房屋土地资源管理局、规划和国土资源局），计划单列市国土资源行政主管部门，解放军土地管理局，新疆生产建设兵团国土资源局：

为贯彻落实《国务院关于深化改革严格土地管理的决定》（国发〔2004〕28号），巩固土地市场治理整顿成果，进一步加强和改进征地补偿安置工作，部研究制定了《关于完善征地补偿安置制度的指导意见》。现印发你们，请认真执行。

国土资源部
二〇〇四年十一月三日

为合理利用土地，保护被征地农民合法权益，维护社会稳定，根据法律有关规定和《国务院关于深化改革严格土地管理的决定》（国发〔2004〕28号，以下简称《决定》）精神，现就完善征地补偿安置制度有关问题提出以下意见：

一、关于征地补偿标准

（一）统一年产值标准的制订。省级国土资源部门要会同有关部门制订省域内各县（市）耕地的最低统一年产值标准，报省级人民政府批准后公布执行。制订统一年产值标准可考虑被征收耕地的类型、质量、农民对土地的投入、农产品价格、农用地等级等因素。

（二）统一年产值倍数的确定。土地补偿费和安置补助费的统一年产值倍数，应按照保证被征地农民原有生活水平不降低的原则，在法律规定范围内确定；按法定的统一年产值倍数计算的征地补偿安置费用，不能使被征地农民保持原有生活水平，不足以支付因征地而导致无地农民社会保障费用的，经省级人民政府批准应当提高倍数；土地补偿费和安置补助费合计按 30 倍计算，尚不足以使被征地农民保持原有生活水平的，由当地人民政府统筹安排，从国有土地有偿使用收益中划出一定比例给予补贴。经依法批准占用基本农田的，征地补偿按当地人民政府公布的最高补偿标准执行。

（三）征地区片综合地价的制订。有条件的地区，省级国土资源部门可会同有关部门制订省域内各县（市）征地区片综合地价，报省级人民政府批准后公布执行，实行征地补偿。制订区片综合地价应考虑地类、产值、土地区位、农用地等级、人均耕地数量、土地供求关系、当地经济发展水平和城镇居民最低生活保障水平等因素。

（四）土地补偿费的分配。按照土地补偿费主要用于被征地农户的原则，土地补偿费应在农村集体经济组织内部合理分配。具体分配办法由省级人民政府制定。土地被全部征收，同时农村集体经济组织撤销建制的，土地补偿费应全部用于被征地农民生产生活安置。

二、关于被征地农民安置途径

（五）农业生产安置。征收城市规划区外的农民集体土地，应当通过利用农村集体机动地、承包农户自愿交回的承包地、承包地流转和土地开发整理新增加的耕地等，首先使被征地农民有必要的耕作土地，继续从事农业生产。

（六）重新择业安置。应当积极创造条件，向被征地农民提供免费的劳动技能培训，安排相应的工作岗位。在同等条件下，用地单位应优先吸收被征地农民就业。征收城市规划区内的农民集体土地，应当将因征地而导致无地的农民，纳入城镇就业体系，并建立社会保障制度。

（七）入股分红安置。对有长期稳定收益的项目用地，在农户自愿的前提下，被征地农村集体经济组织经与用地单位协商，可以以征地补偿安置费用入股，或以经批准的建设用地土地使用权作价入股。农村集体经济组织和农户通过合同约定以优先股的方式获取收益。

（八）异地移民安置。本地区确实无法为因征地而导致无地的农民提供基本生产生活条件的，在充分征求被征地农村集体经济组织和农户意见的前提下，可由政府统一组织，实行异地移民安置。

三、关于征地工作程序

（九）告知征地情况。在征地依法报批前，当地国土资源部门应将拟征地的用途、位置、补偿标准、安置途径等，以书面形式告知被征地农村集体经济组织和农户。在告知后，凡被征地农村集体经济组织和农户在拟征土地上抢栽、抢种、抢建的地上附着物和青苗，征地时一律不予补偿。

（十）确认征地调查结果。当地国土资源部门应对拟征土地的权属、地类、面积以及地上附着物权属、种类、数量等现状进行调查，调查结果应与被征地农村集体经济组织、农户和地上附着物产权人共同确认。

（十一）组织征地听证。在征地依法报批前，当地国土资源部门应告知被征地农村集体经济组织和农户，对拟征土地的补偿标准、安置途径有申请听证的权利。当事人申请听证的，应按照《国土资源听证规定》规定的程序和有关要求组织听证。

四、关于征地实施监管

（十二）公开征地批准事项。经依法批准征收的土地，除涉及国家保密规定等特殊情况外，国土资源部和省级国土资源部门通过媒体向社会公示征地批准事项。县（市）国土资源部门应按照《征用土地公告办法》规定，在被征地所在的村、组公告征地批准事项。

（十三）支付征地补偿安置费用。征地补偿安置方案经市、县人民政府批准后，应按法律规定的时限向被征地农村集体经济组织拨付征地补偿安置费用。当地国土资源部门应配合农业、民政等有关部门对被征地集体经济组织内部征地补偿安置费用的分配和使用情况进行监督。

（十四）征地批后监督检查。各级国土资源部门要对依法批准的征收土地方案的实施情况进行监督检查。因征地确实导致被征地农民原有生活水平下降的，当地国土资源部门应积极会同政府有关部门，切实采取有效措施，多渠道解决好被征地农民的生产生活，维护社会稳定。

最高人民法院行政审判庭关于农村
集体土地征用后地上房屋拆迁补偿
有关问题的答复

法〔2005〕行他字第 5 号

重庆市高级人民法院：

你院〔2004〕渝高法行示字第 47 号《关于赵建请求撤销重庆市沙坪坝区国土资源局责令其拆除房屋交出土地行政决定一案的请示》收悉。经研究，答复如下：

原则同意你院第一种意见，即行政机关征用农村集体土地之后，被征用土地上的原农村居民对房屋仍享有所有权，房屋所在地已被纳入城市规划区的，应当参照《城市房屋拆迁管理条例》及有关规定，对房屋所有权人予以补偿安置。

此复。

2005 年 10 月 12 日

附：

重庆市高级人民法院关于赵建请求撤销重庆市沙坪坝区
国土资源局责令其拆除房屋交出土地行政决定一案的请示

〔2004〕渝高法行示字第 47 号

最高人民法院：

我院受理的赵建请求撤销重庆巾沙坪坝区同土资源局责令其拆

除房屋交出土地行政决定请示一案，经本院审判委员会研究，对农村集体土地被征用时其地上房屋当时未予补偿安置，现拆迁应按何种标准对住房和商业用房进行补偿形成不同意见，特向贵院请示。

一、案件的由来和审理经过

赵建请求撤销重庆市沙坪坝区国土资源局（下称沙区国土局）责令其拆除房屋交出土地行政决定一案，已由庆市沙坪坝区人民法院于 2004 年 1 月 7 日作出〔2003〕沙行初字第 48 号行政判决。维持了沙区国土局的行政决定。赵建不服该行政判决，于 2004 年 2 月 1 日向重庆市第一中级人民法院提起上诉，该院经立案审查后，于 2004 年 9 月 9 日就本案的有关法律适用问题向本院提出请示，本院审判委员会于 2005 年 2 月 5 日进行了研究，决定上报贵院请示。

二、案件的事实和双方当事人争议的焦点

（一）案件事实

赵建原系沙坪坝区覃家岗镇马房湾村村民，1984 午赵建即在先沙坪坝区大杨公桥 118 号处的集体土地上修建了房屋，用于居住并先后经营饭店、旅馆。1993 年 4 月 5 日，沙区国土局在赵建的《集体土地登记申请书》中审批意见栏内注明其房屋占地为住宅用地，但该局填发给赵建的渝沙覃集建（93）字第 5880 号《集体土地建设用地使用证》上却载明赵建的房屋占地类别系商业、住宅，用地面积为 182 平方米。同年 4 月 10 日，重庆市沙坪坝区城乡建设委员会填发给赵建的沙字第 14682 号《乡村房屋所有权证》载明其房屋种类为：商业 282.47 平方米，住宅 170 平方米。1994 年 9 月 6 日，重庆市人民政府以重府地（1994）309 号批复，同意征用童家桥及马房湾村全部土地 204580 平方米，将马房湾村 630 名社员"农转非"。1996 年 12 月，赵建转为了城镇居民户口，但仍以其所建房屋从事个体经营，其《乡村房屋所有权证》和《集体土地建设用地使用证》未作变更。2002 年 6 月 20 日，重庆市人民政府以渝府

〔2002〕374 号文件批复，同意将杨梨路地块的国有土地使用权出让给重庆宏坤物业发展有限公司作为住宅小区建设用地，赵建的房屋在该公司的用地范围内，赵建要求该公司提供门面房安置其非住宅．双方未达成协议。2003 年 6 月 25 日，沙区国土局作出了《关于赵建拆迁安置的方案》，并于次日送达赵建。其主要内容是：按《重庆市征地补偿安置办法》的规定，对赵建可安置住房一套（二室一厅），建筑面积为 40 平方米；对其房屋中非住宅部分，依照《重庆市征地补偿安置办法》第十二条的规定，按重置价格计算补偿费后，建筑物归国家所有，搬迁损失费按所搬迁设备折旧净值的 15—20% 计算。同年 6 月 30 日，沙区国土局作出沙国土监告字〔2003〕第 3 号《听证告知书》告知赵建：对其拒不签订拆迁安置协议的行为，拟依照《中华人民共和国土地管理法实施条例》第四十五条的规定，作出限期拆除房屋交出土地的行政决定；在该局作出正式行政决定前，其有权申请听证：赵建于 7 月 1 日收到《听证告知书》后，未申请听证。7 月 4 日，沙区国土局即对赵健作出了《关于责令赵建拆除房屋交出土地的决定》。赵建收到该决定后，即向重庆市沙坪坝区人民政府申请复议，该府于 8 月 25 日作出沙府行复字〔2003〕2 号《行政复议决定书》，对沙区国土局作出的行政决定予以维持。赵建仍不服，遂向法院提起行政诉讼，请求撤销沙区国土局作出的《关于责令赵建拆除房屋交出土地的决定》。

（二）诉讼双方争议的焦点

1. 赵建认为其房屋所属土地在 1994 年被重庆市人民政府批准征用后，土地性质已变更为国有，应当适用《城市房屋拆迁管理条例》的相关规定按城镇房屋进行拆迁安置，而不能适用《中华人民共和国土地管理法》和《中华人民共和同土地管理法实施条例》的相关规定。而沙区国土局则认为，虽然赵建的房屋所属土地在

1994 年即被政府征用，但由于各种原因未对其进行拆迁安置补偿，其性质仍为农村集体土地征地拆迁，不能适用城镇房屋拆迁的相关规定。

2. 沙区国土局提出的《关于赵建拆迁安置的方案》是否符合法律的规定。赵建提出即使按照乡村房屋集体土地的性质进行征用，适用重庆市政府 55 号令《重庆市征地补偿安置办法》第十二条的规定，"重置价格"也应当是其重新创办相同规模的旅馆所需要的费用，能使其在征地安置补偿后，基本保持征地前的生活水平。而沙区国土局则认为，"重置价格"是按修砖墙房屋的价格上浮 50% 计算，即按 300 元/平方米补偿。

3. 关于本案是否适用《中华人民共和国土地管理法实施条例》第四十五条规定的问题（注：该《条例》第四十五条："违反土地管理法律法规规定，阻挠国家建设征用土地的，由县级以上人民政府的土地行政管理部门责令其交出土地；拒不交出土地的，申请人民法院强制执行。"）。赵健认为适用该条规定的前提是当事人有阻碍征地的行为，其与拆迁人之间未达成拆迁补偿安置协议的原因系沙区国土局提供的安置方案补偿标准太低，其没有阻碍征地的行为，不应适用该条规定。沙区国土局则认为，赵建不同意该局《关于赵建拆迁安置的方案》，拒不交出土地，严重影响了该土地上的建设工程进度，即是阻碍征地的行为。

三、本院审判委员会意见

本院审判委员会经讨论认为，要解决本案中赵建的房屋采用何种标准予以补偿所涉及的法律适用问题，首先应明确此种情形下是参照《城市房屋拆迁管理条例》的相关规定，按城镇房屋进行拆迁补偿，还是适用《中华人民共和国土地管理法》和《中华人民共和国土地管理法实施条例》的相关规定，按农村征地房屋补偿安置标准予以补偿。若参照城市房屋拆迁补偿标准对赵建的房屋进行补偿，则赵建的房屋中商业用房部分自然应按非住宅标准给予补偿；若按农村征用土地建筑物的补偿标准予以补偿，因相关的土地管理法律、法规没有规定农村征地补偿中商业用房的安置补偿问题，故实际操作中缺乏相应的法律、法规依据。为此形成两种意见：

第一种意见认为，对赵建的房屋应参照城镇房屋拆迁补偿标准予以补偿。理由是：赵建的房屋所在土地 1994 年即被国家征用，相关部门直至 2002 年才予以拆迁补偿，其房屋所在地区早已城市化，土地的性质事实上已变为城镇国有土地，赵建的房屋应视为国有土地上的城镇房屋。沙区国土局仍适用征地时的补偿标准对赵建安置住宅，并对其房屋中商业用房部分也依照《重庆市征地补偿安置办法》按"重置价格计算"补偿 300 元/平方米明显偏低，加之目前的法律、法规对集体土地上的商业用房如何补偿无明确标准，可参照城镇房屋拆迁的标准予以补偿。

第二种意见认为，对赵建的房屋拆迁安置在性质上仍属于征地拆迁，不应参照《城市房屋拆迁管理条例》的规定予以补偿。理由是：从我国目前的法律、法规来看，农村集体土地上的房屋拆迁在性质上属征地拆迁的范畴，应适用土地管理法有关征地补偿安置的规定。因农村的房屋和城市房屋在土地所有权性质、所有权主体、土地管理方式及拆迁安置对象等方面均有差异，《城市房屋拆迁管理条例》并不具有直接的参照性，如予以参照将会导致政府制定的补偿标准随意性大、拆迁程序和拆迁标准混乱。赵建的房屋虽在征地时未予及时拆迁补偿，但并不能改变对其房屋的补偿属农村集体土地征地拆迁补偿的性质。

审判委员会倾向于第二种意见，但均认为由于各地在建设征用农村集体土地的过程中先征地，用地时才予以拆迁补偿的情况带有一定的普遍性，此类补偿纠纷引发的行政争议不可避免，司法审查中解决此类问题到底怎样适用法律，各地掌握的标准和做法不统一，现有法律、法规不明确。

四、请示的问题

经本院审判委员会讨论决定，就如下问题请示：农村集体土地被征用时其地上房屋当时未予安置补偿，用地时才拆迁应按何种标准时住房和商业用房进行补偿？

请批示。

2005 年 1 月 5 日